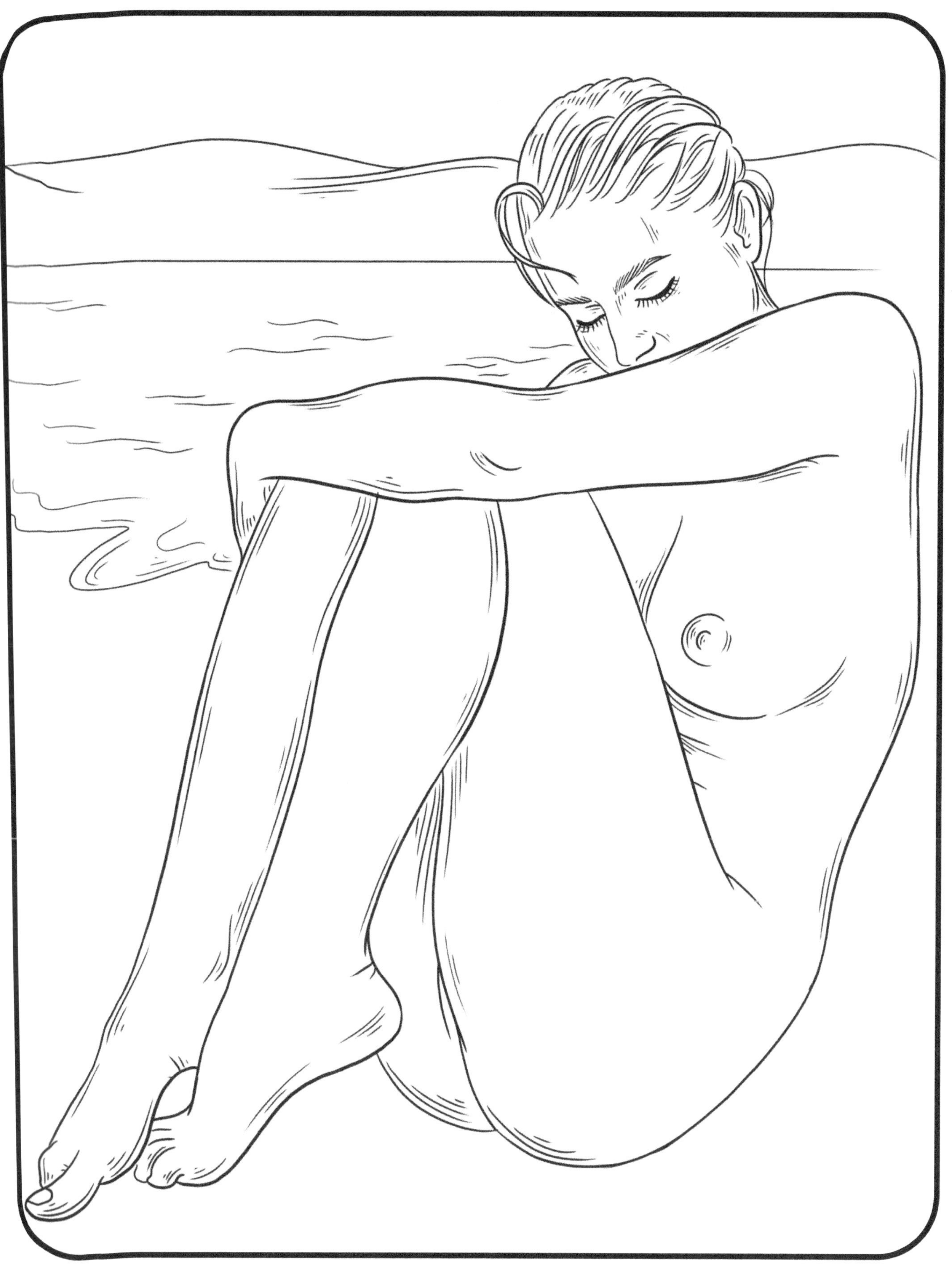

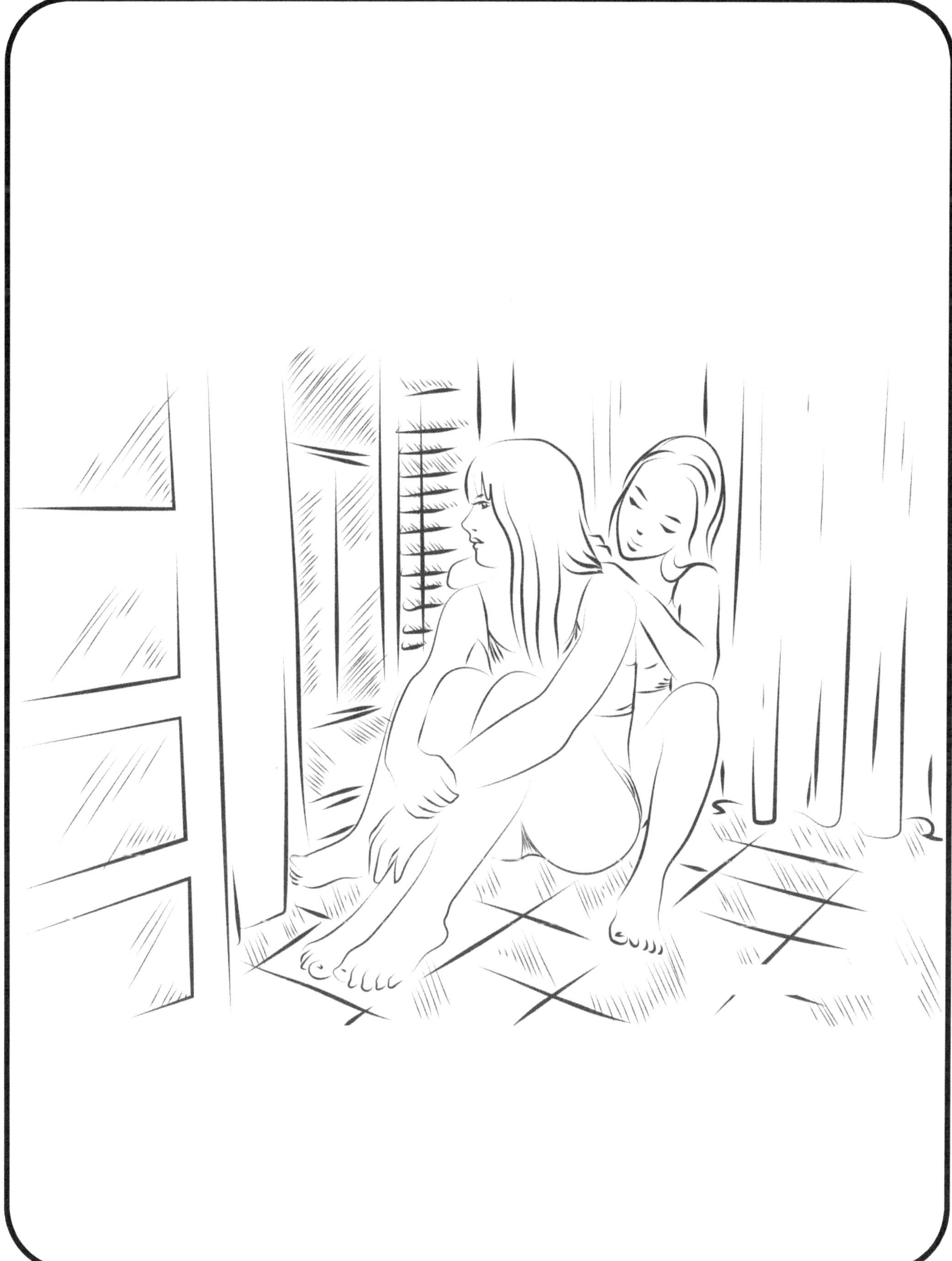

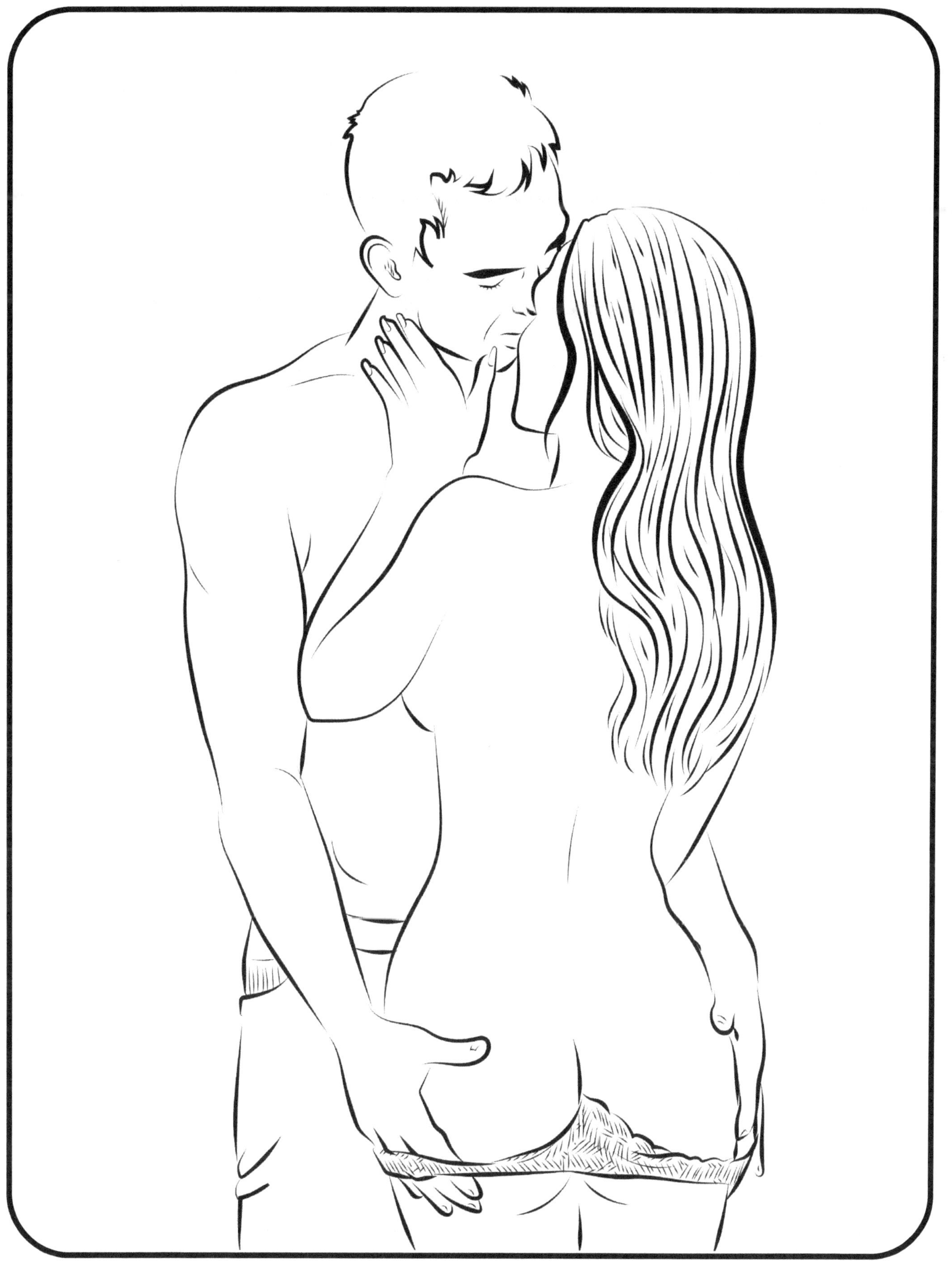

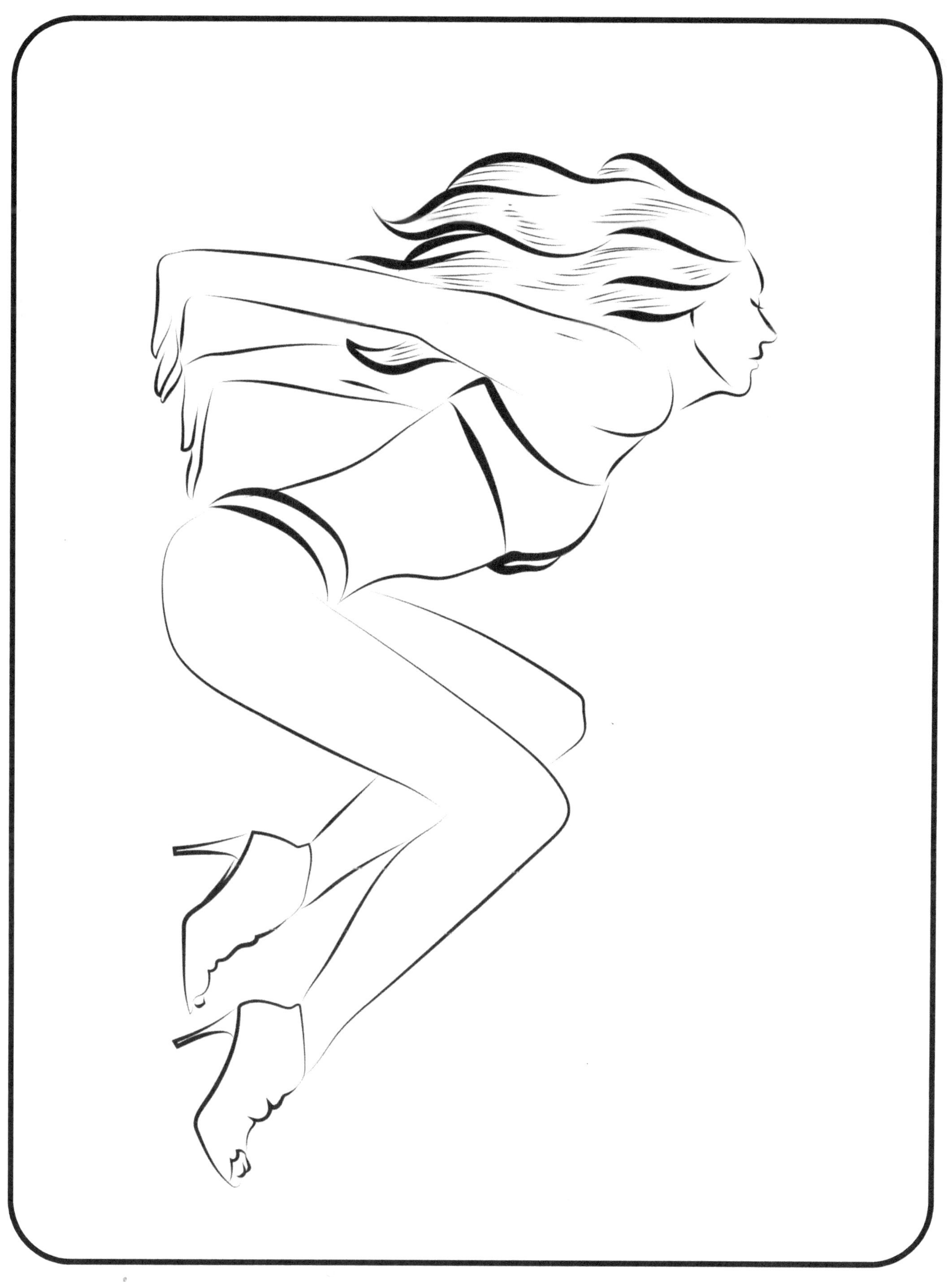

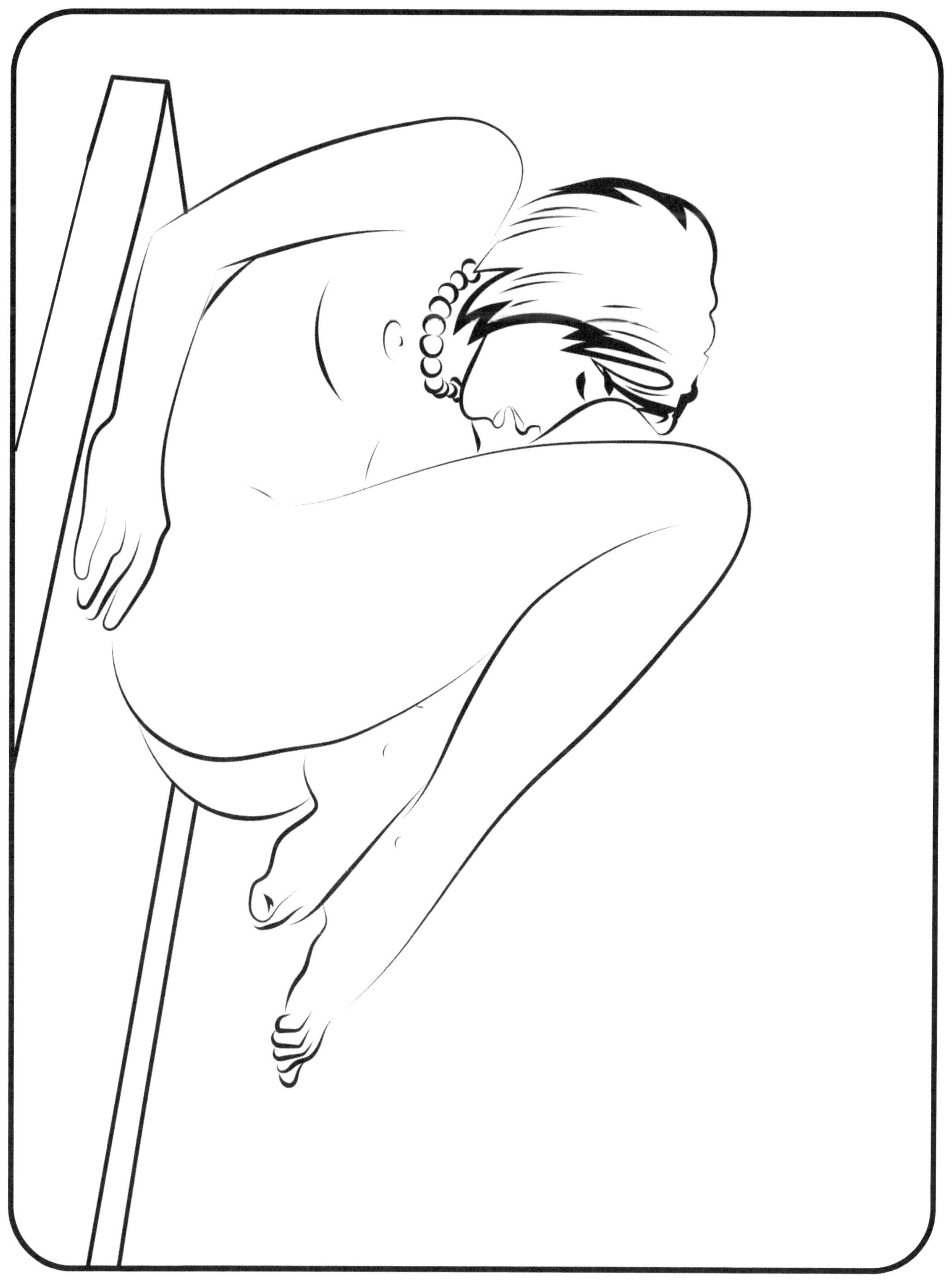

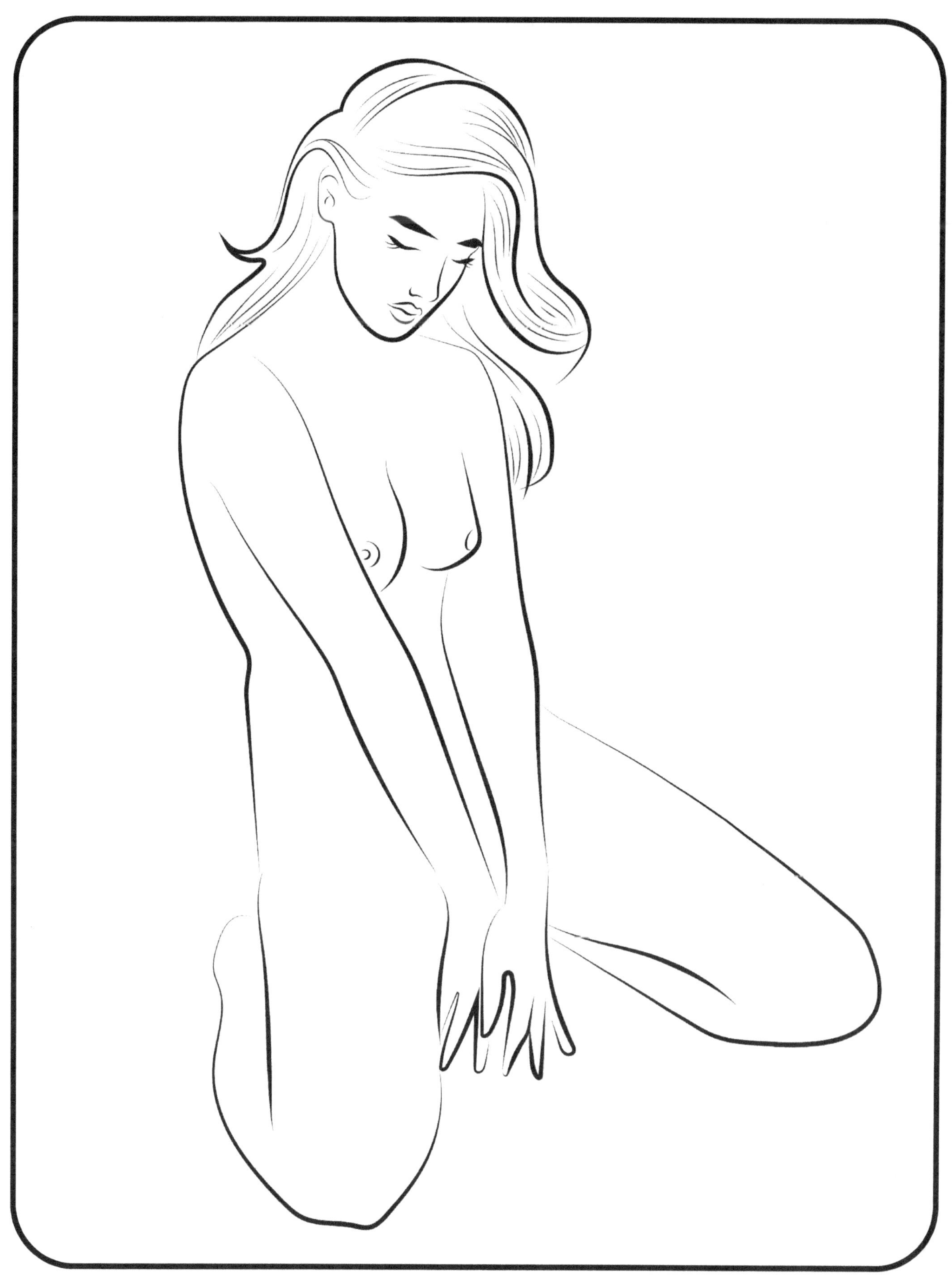

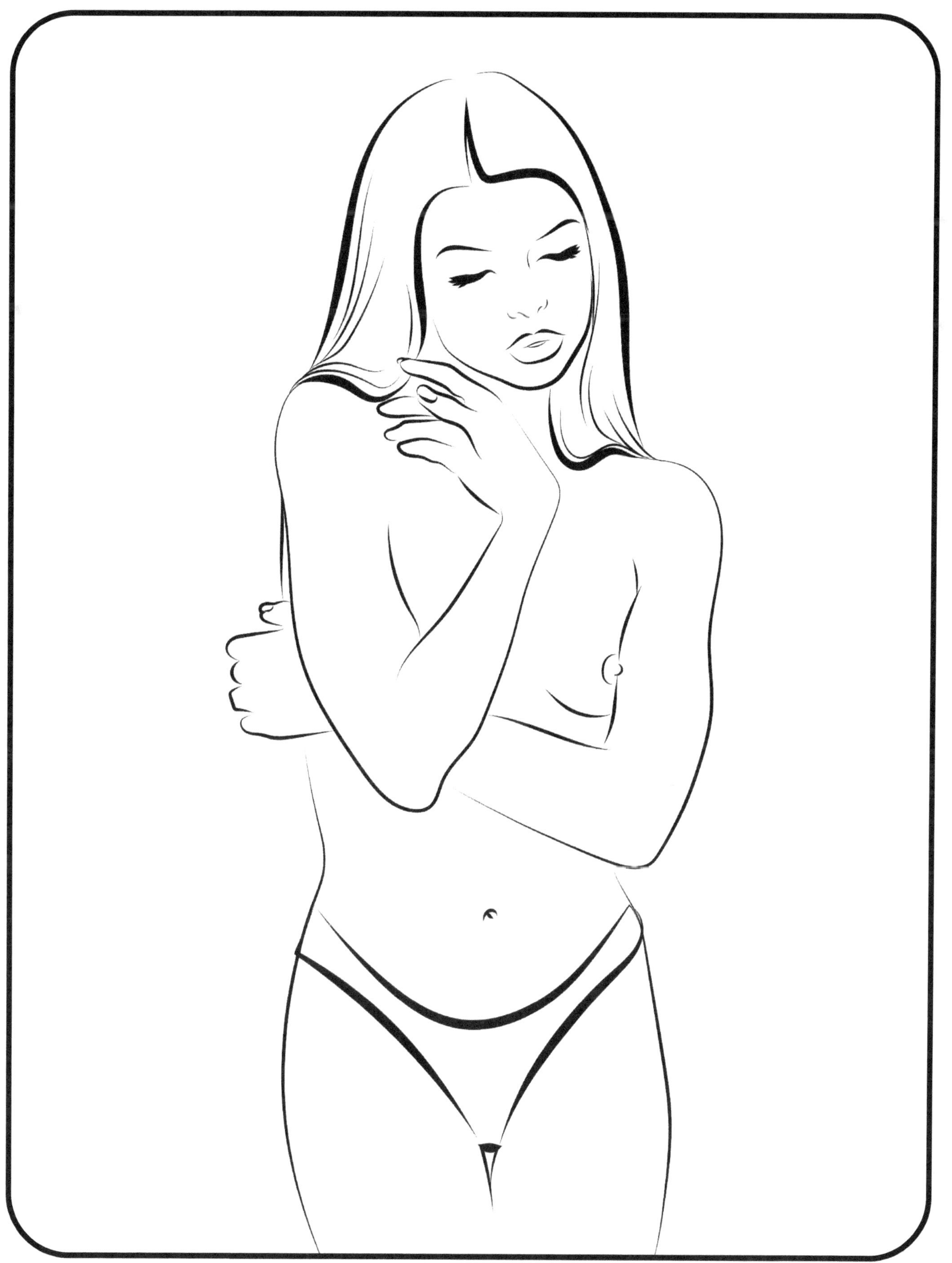

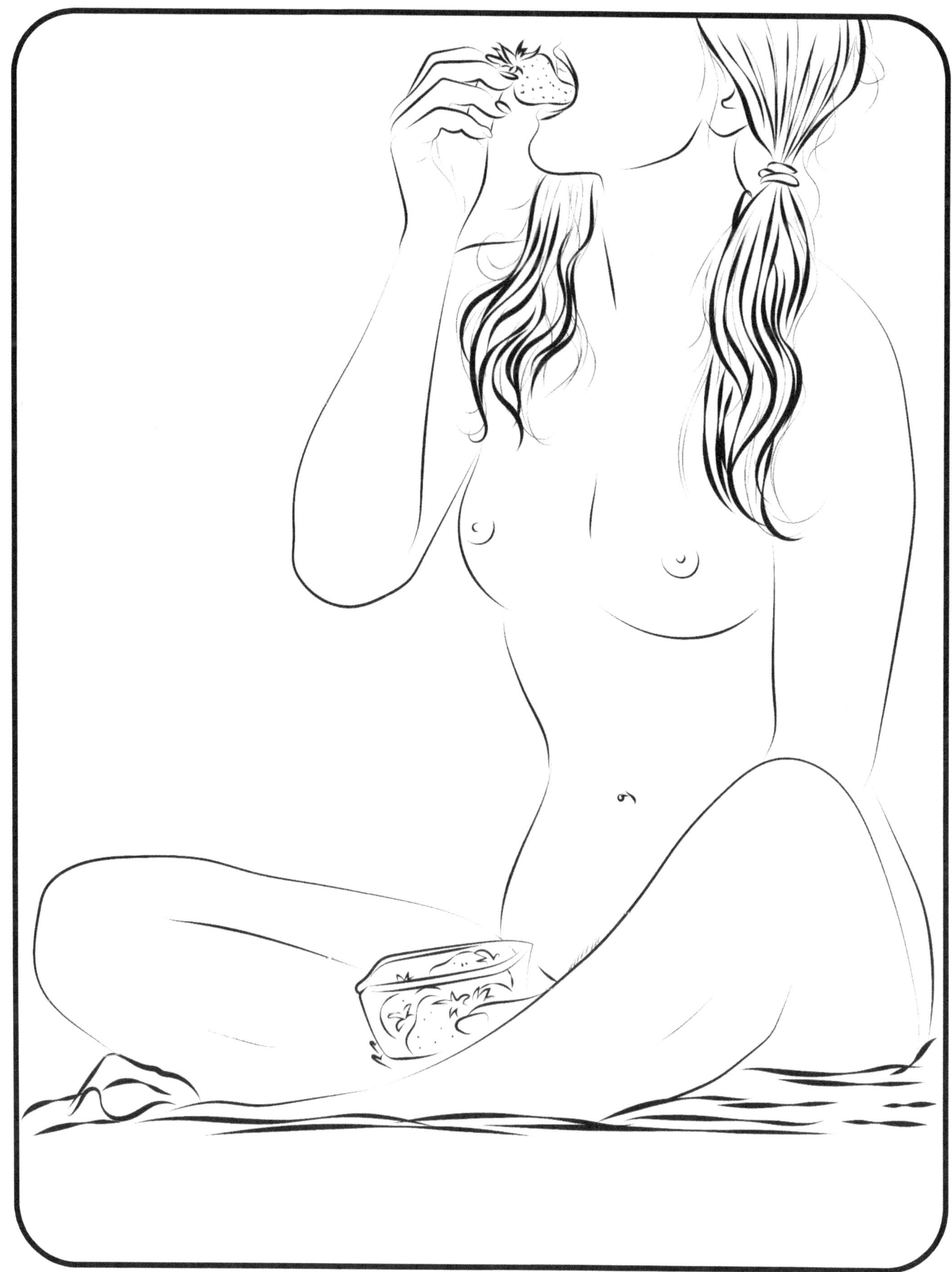

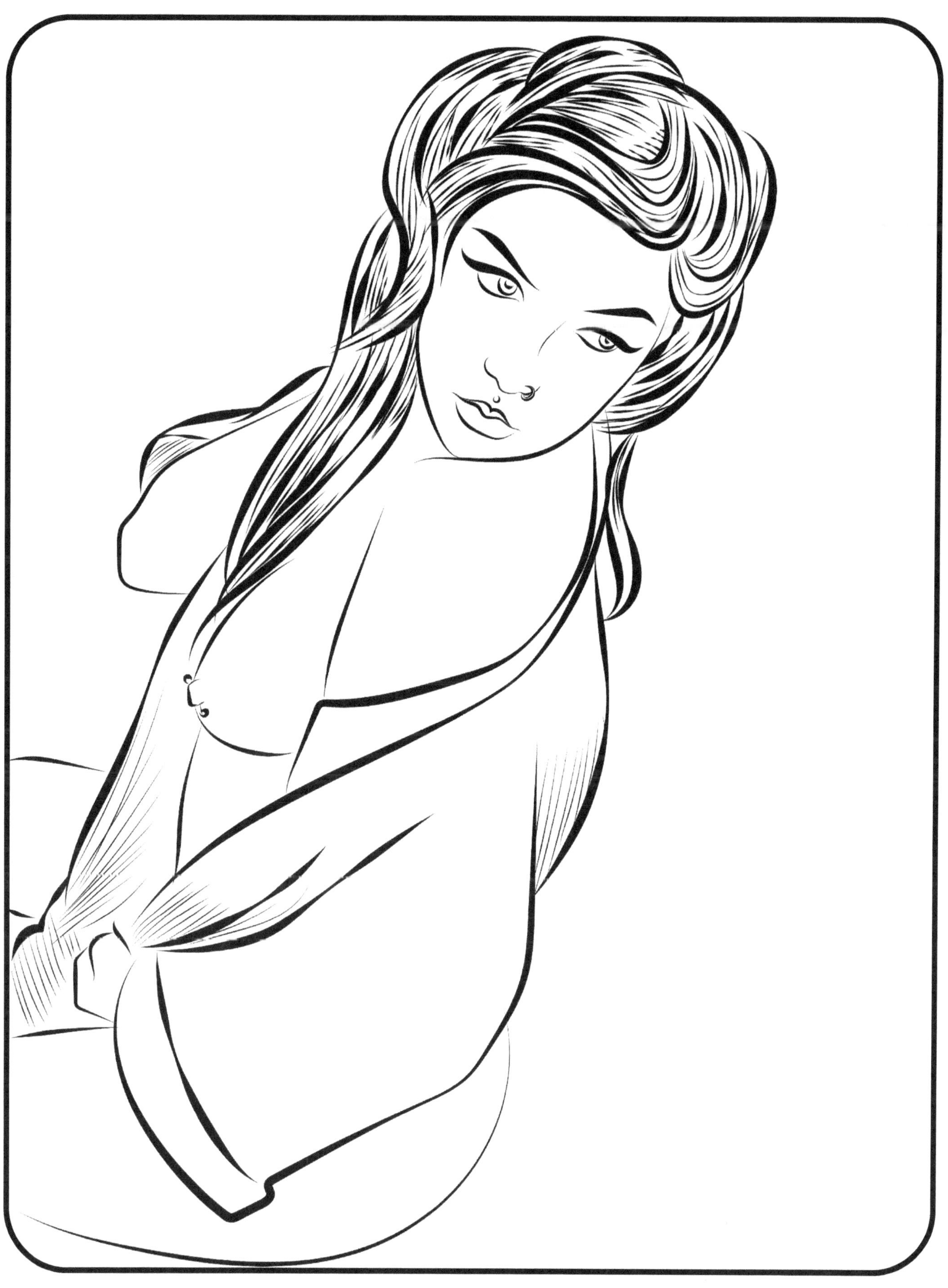

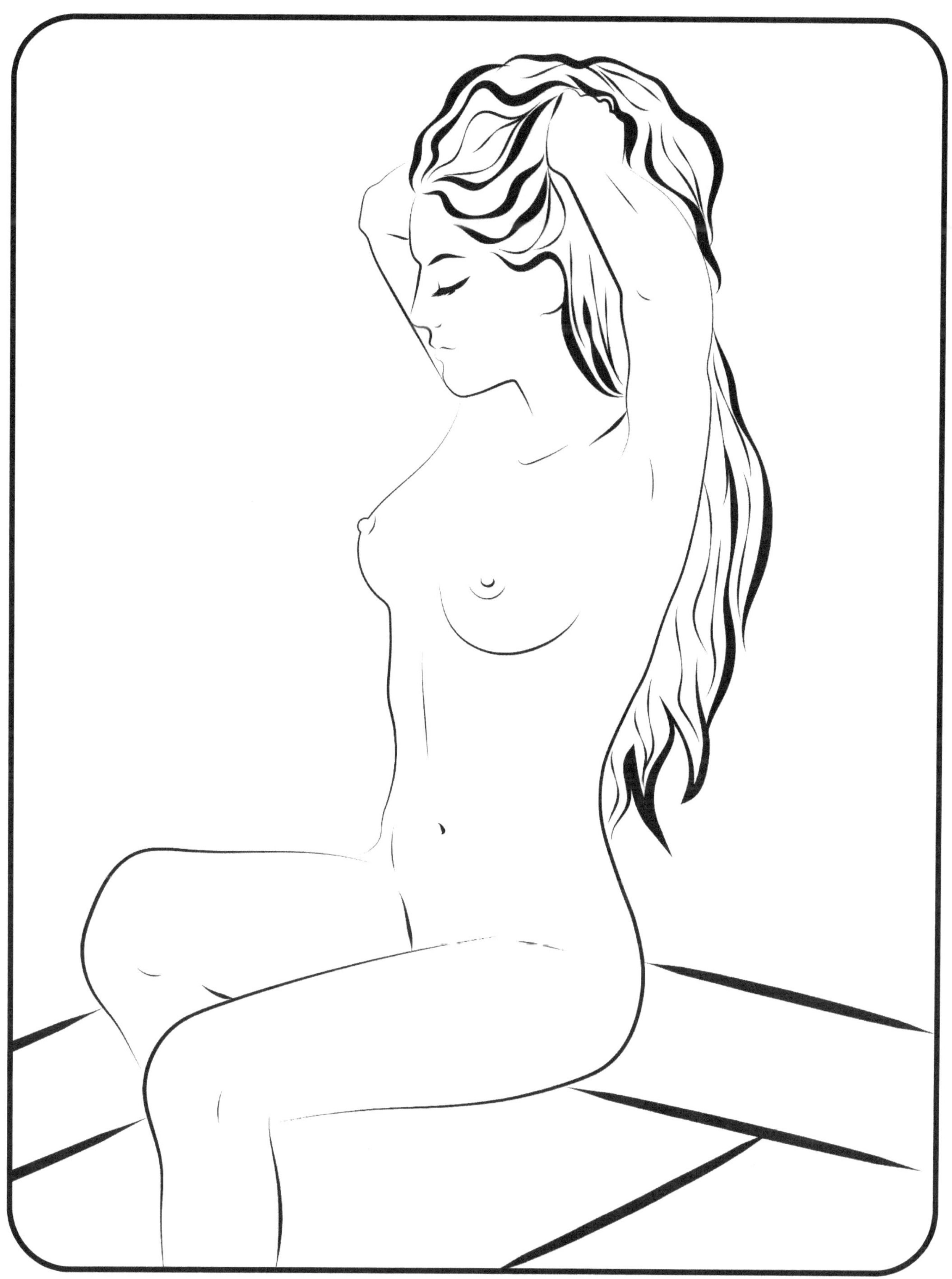

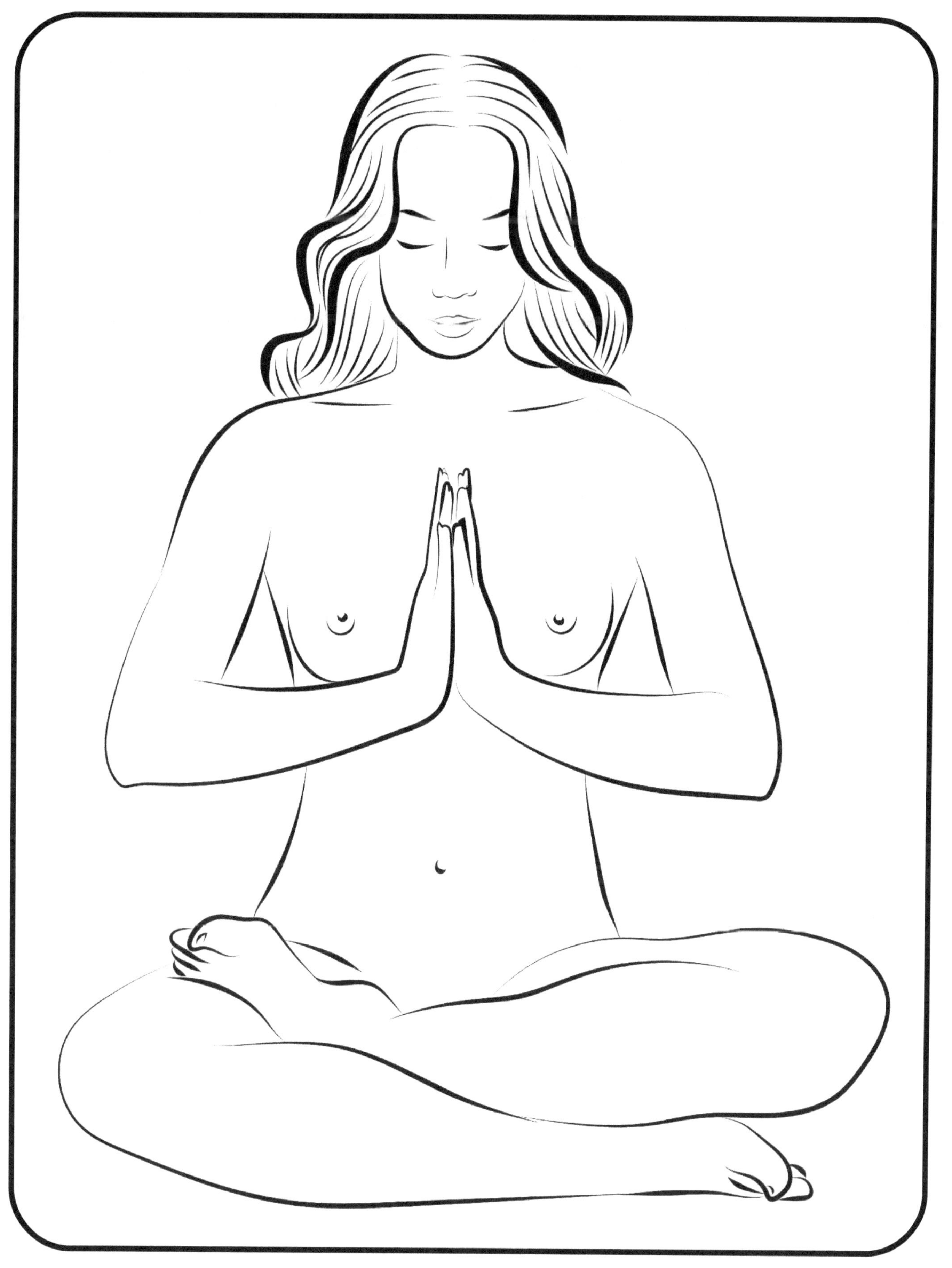

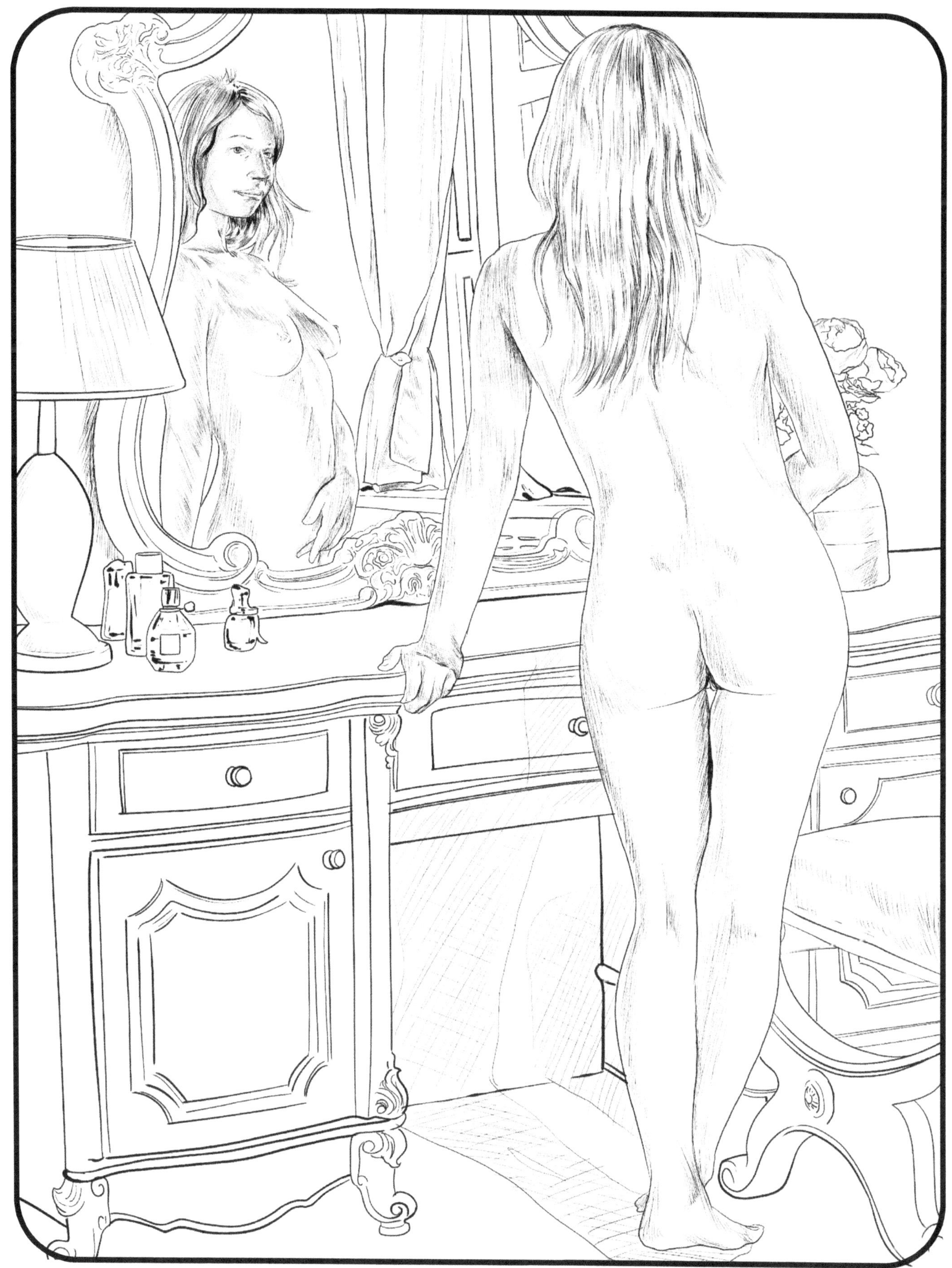

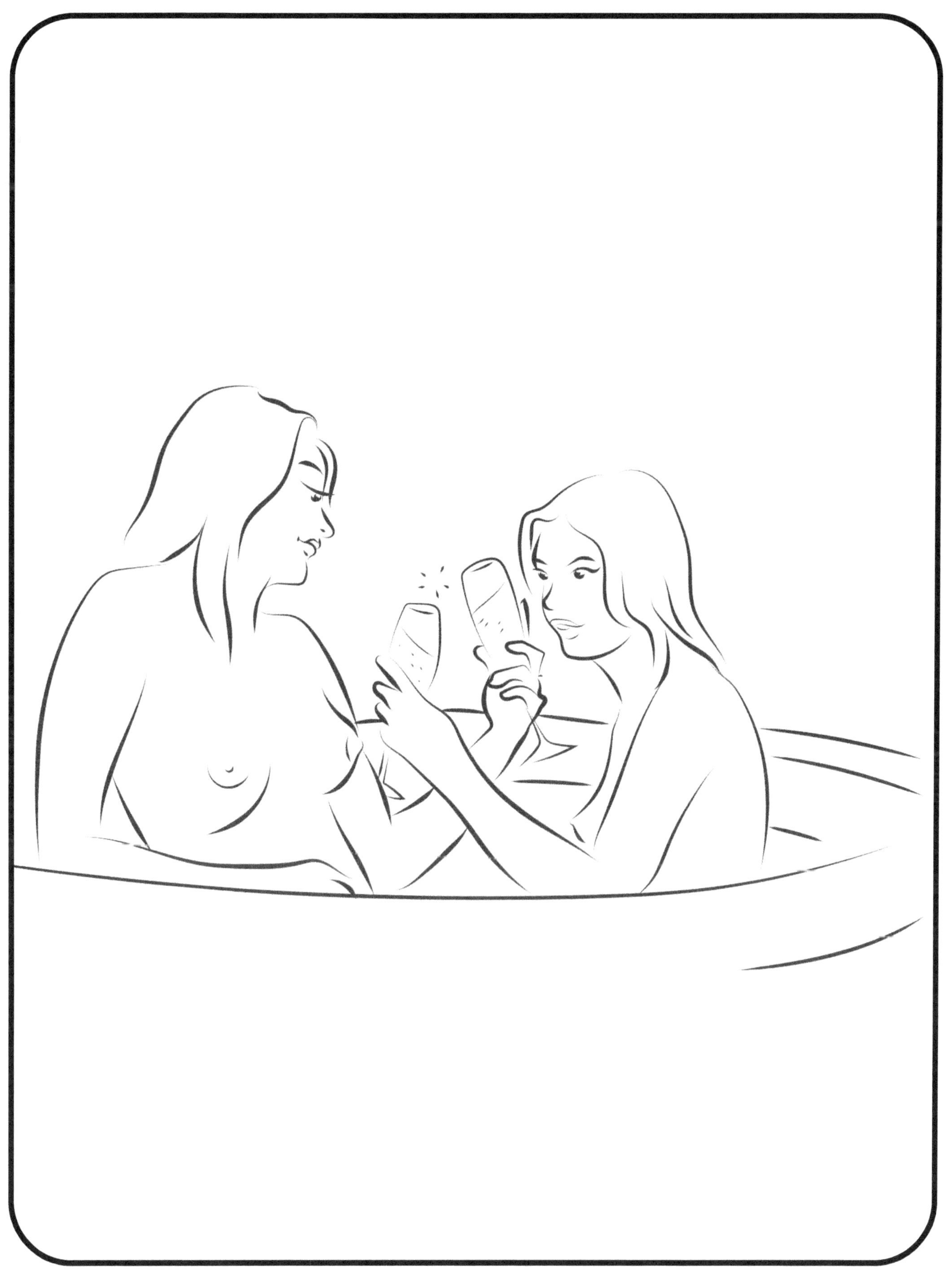

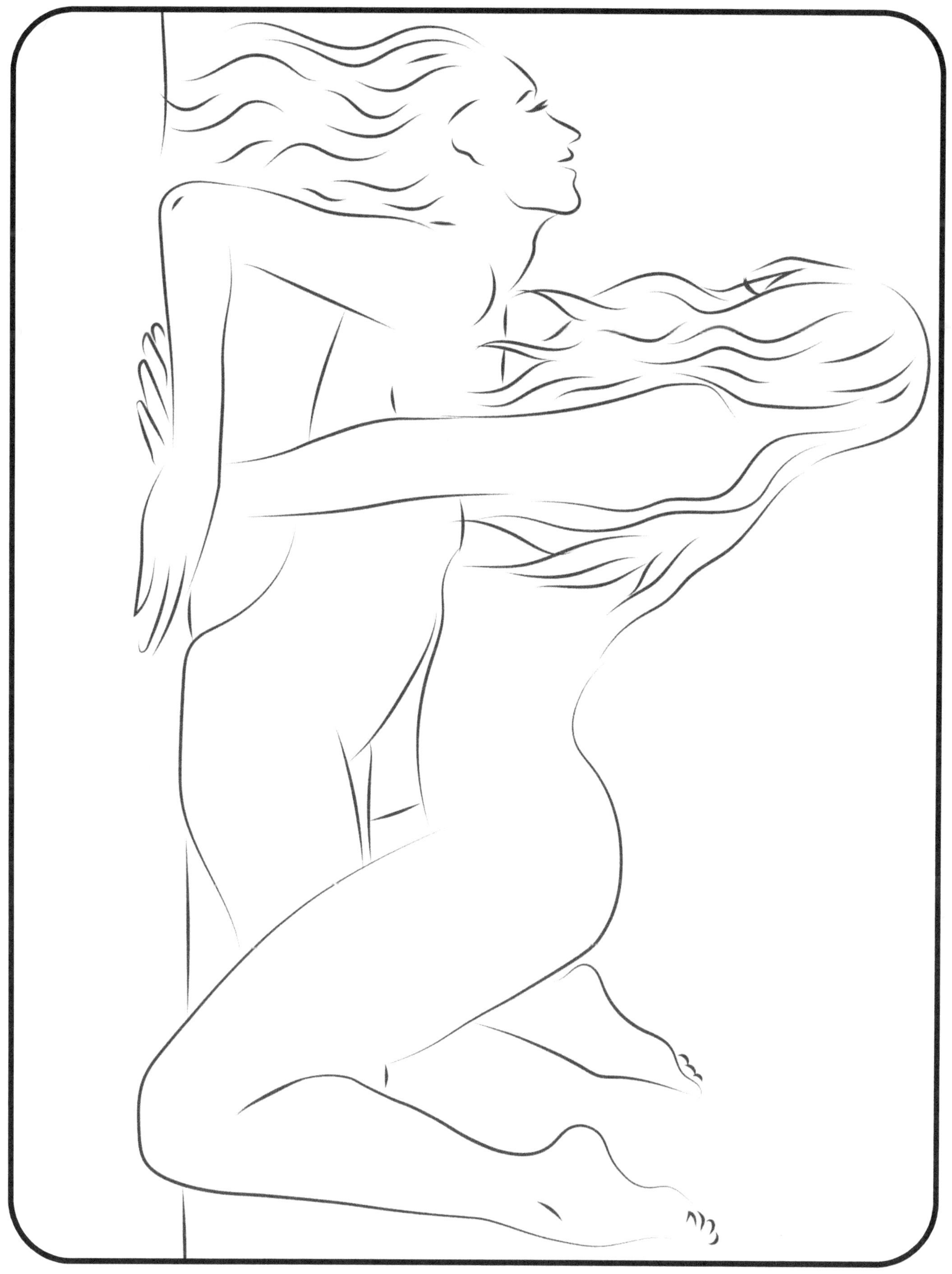

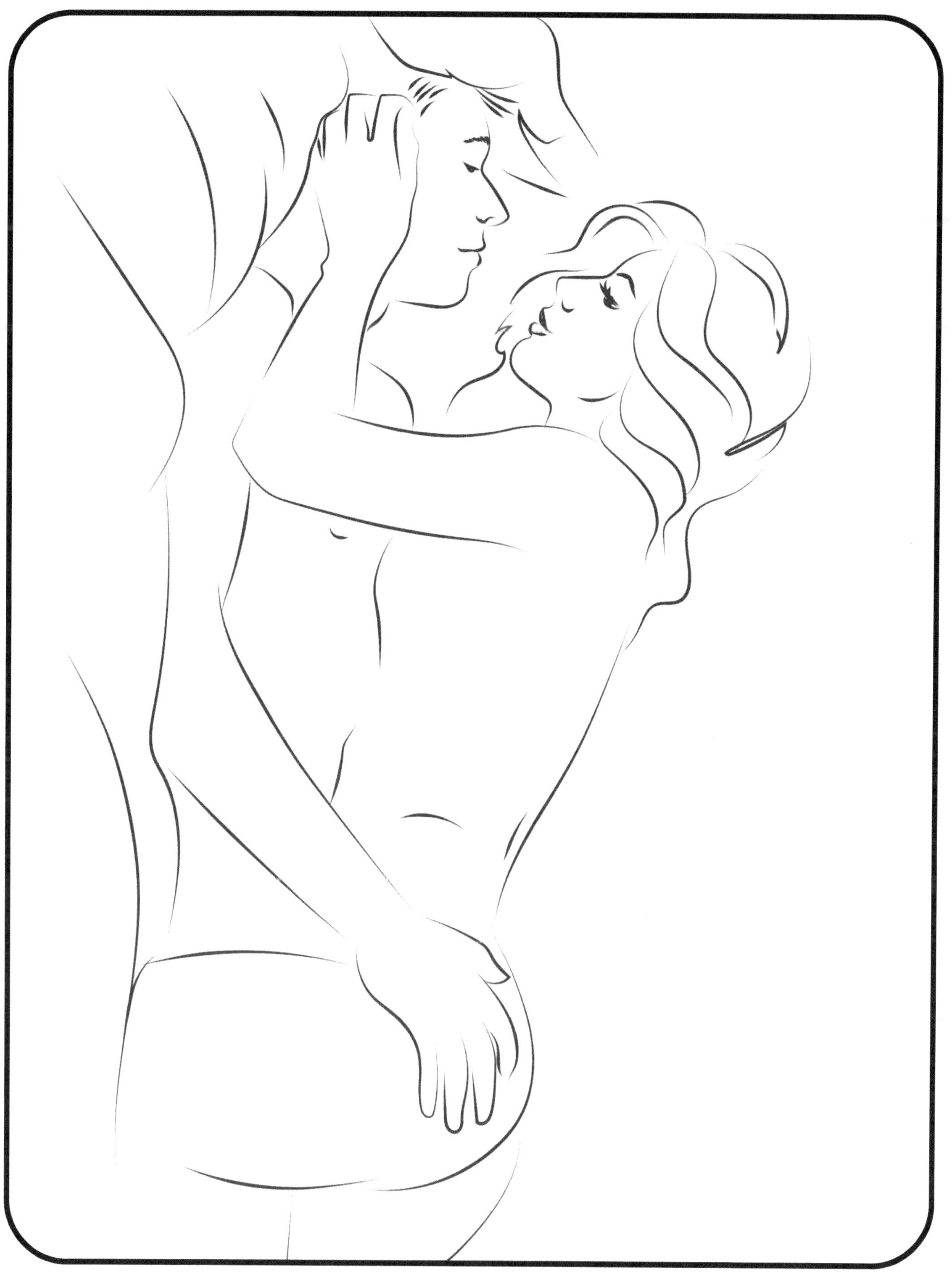

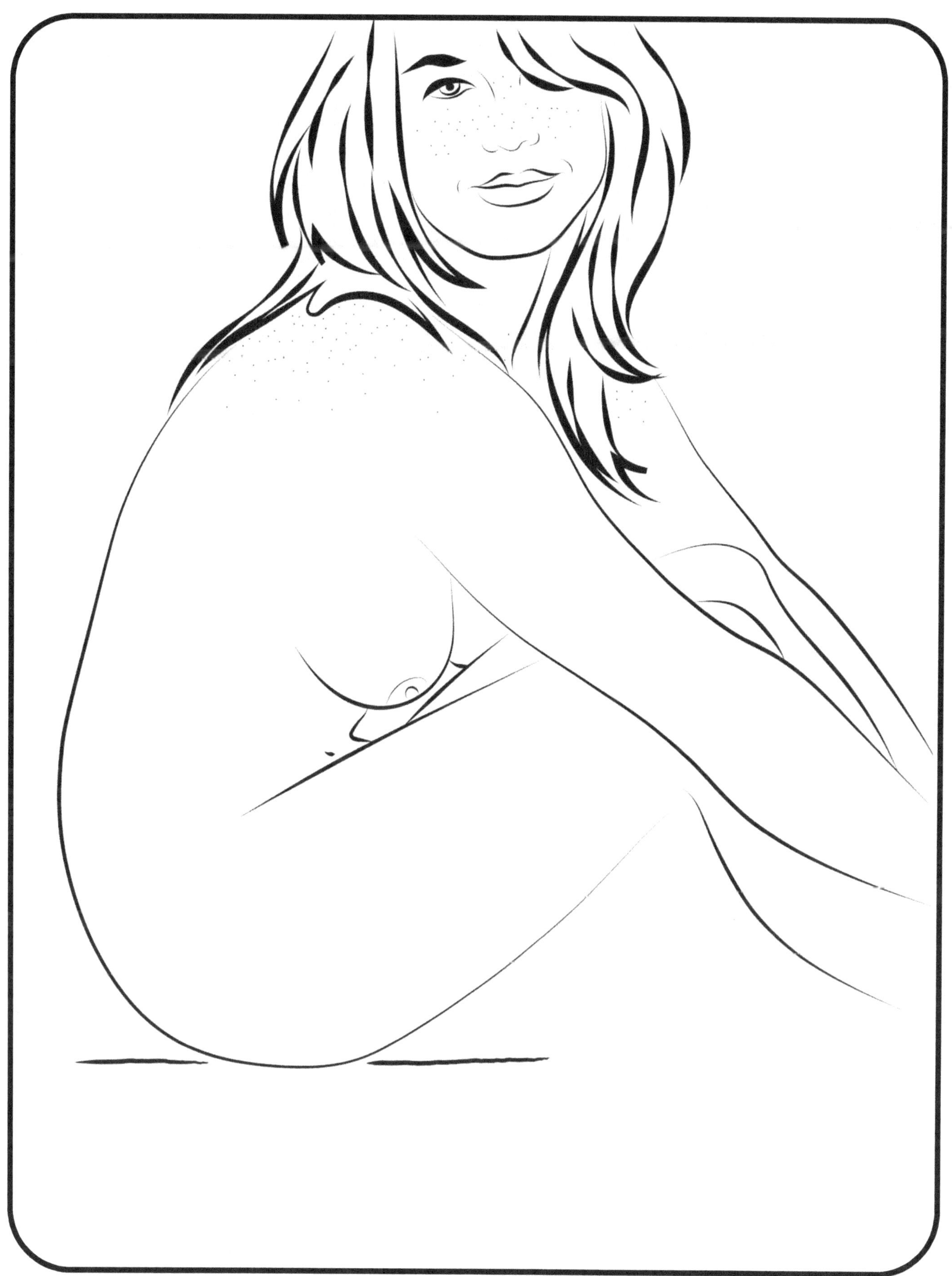

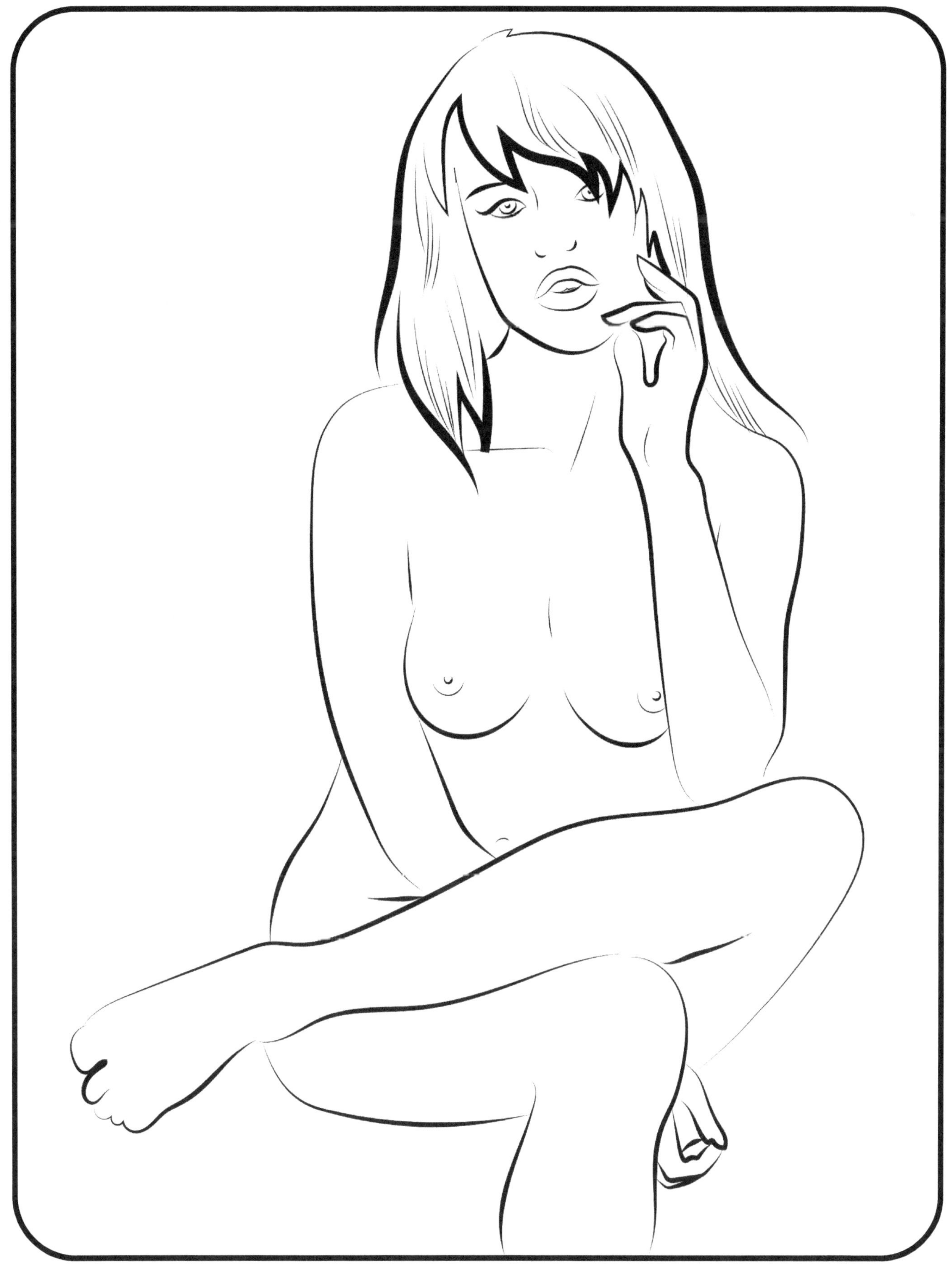

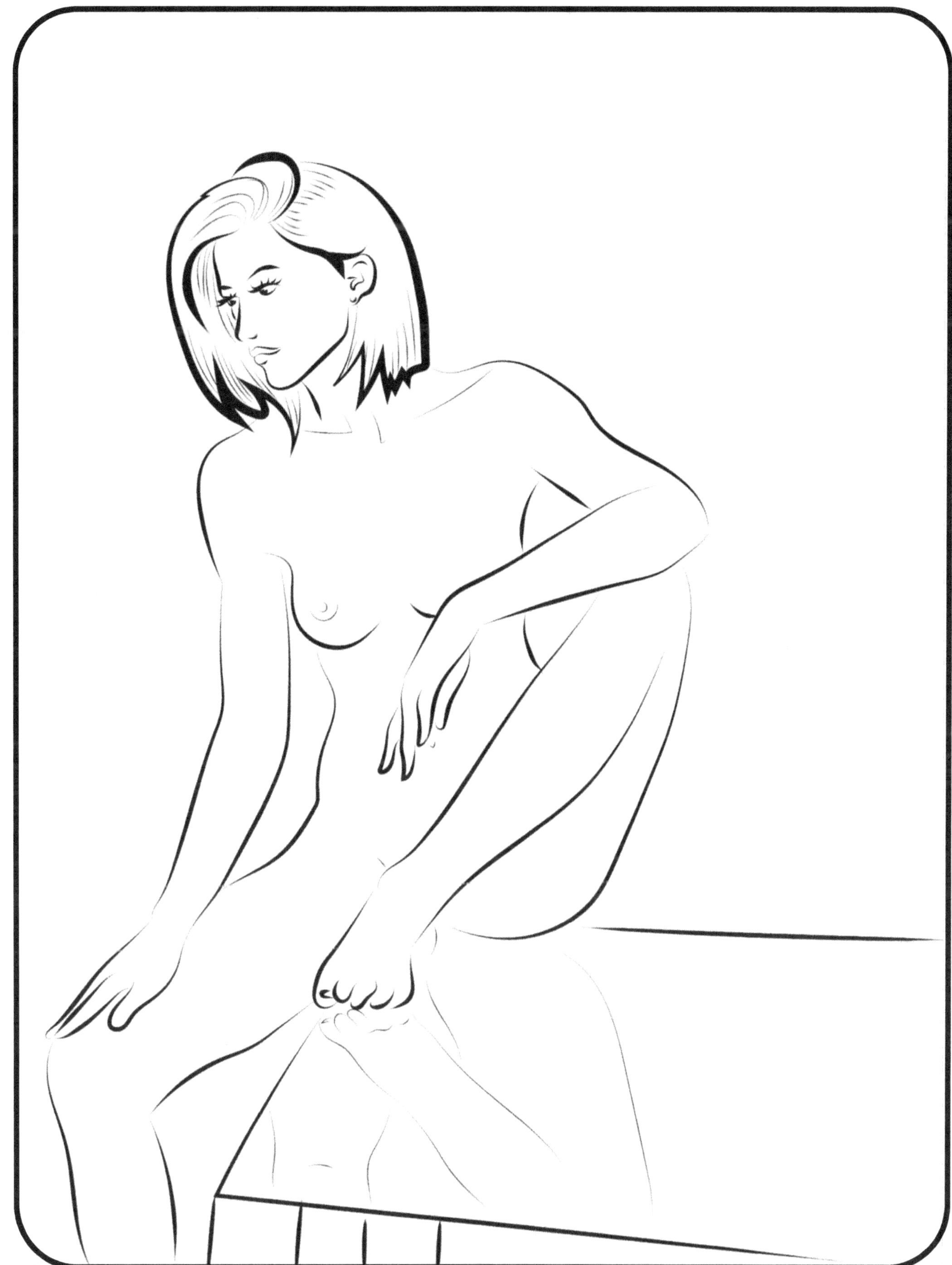

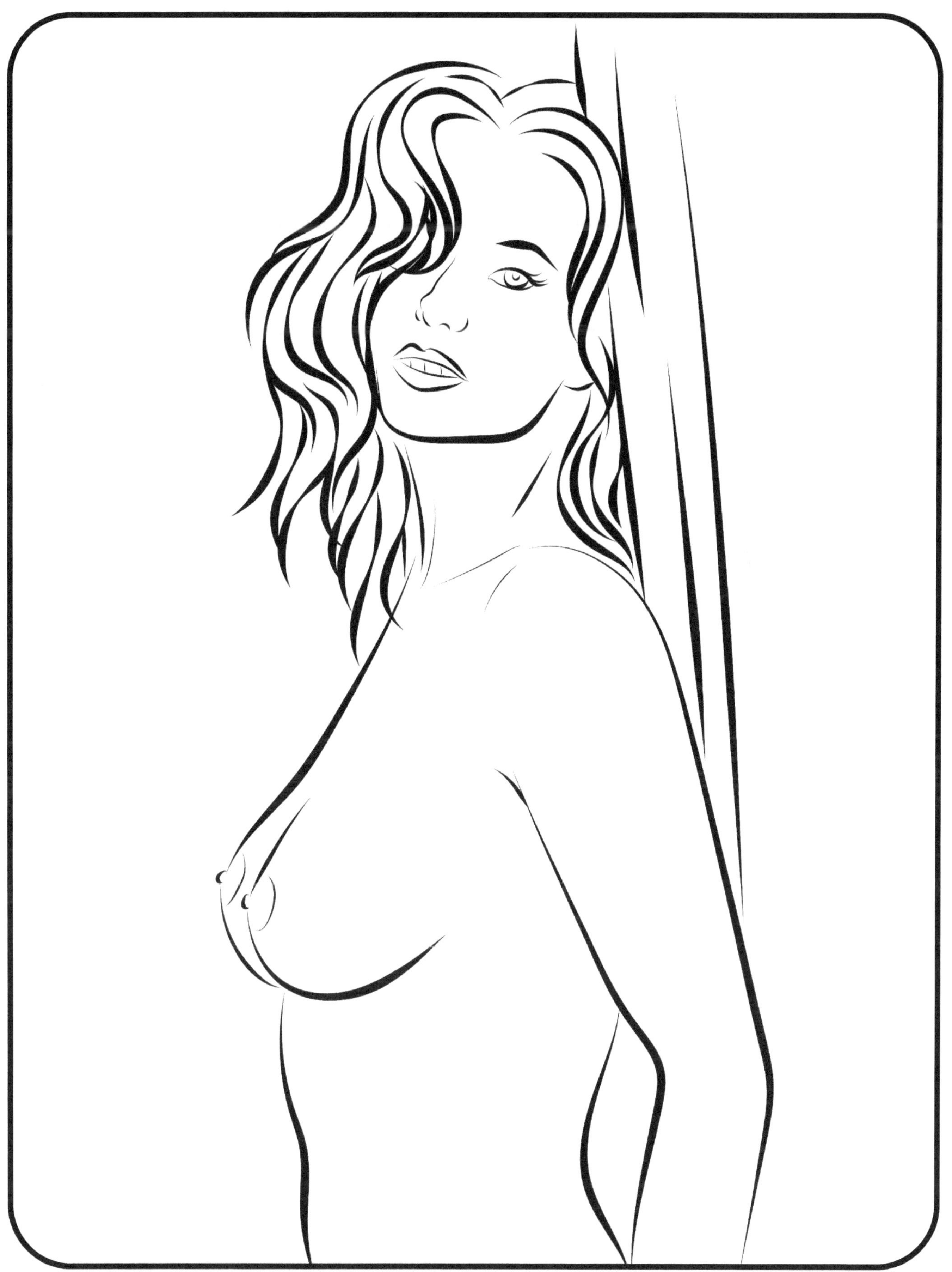

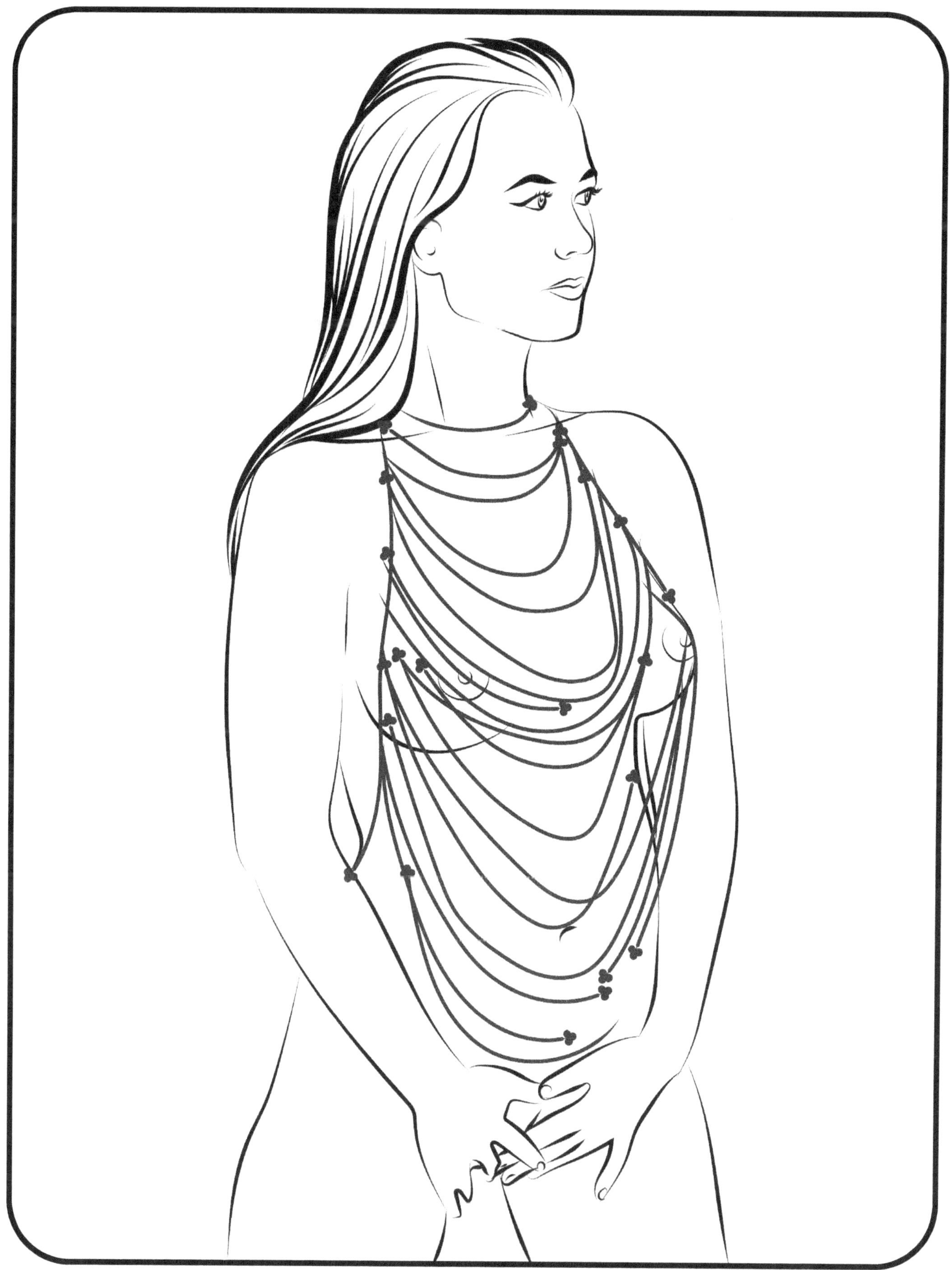

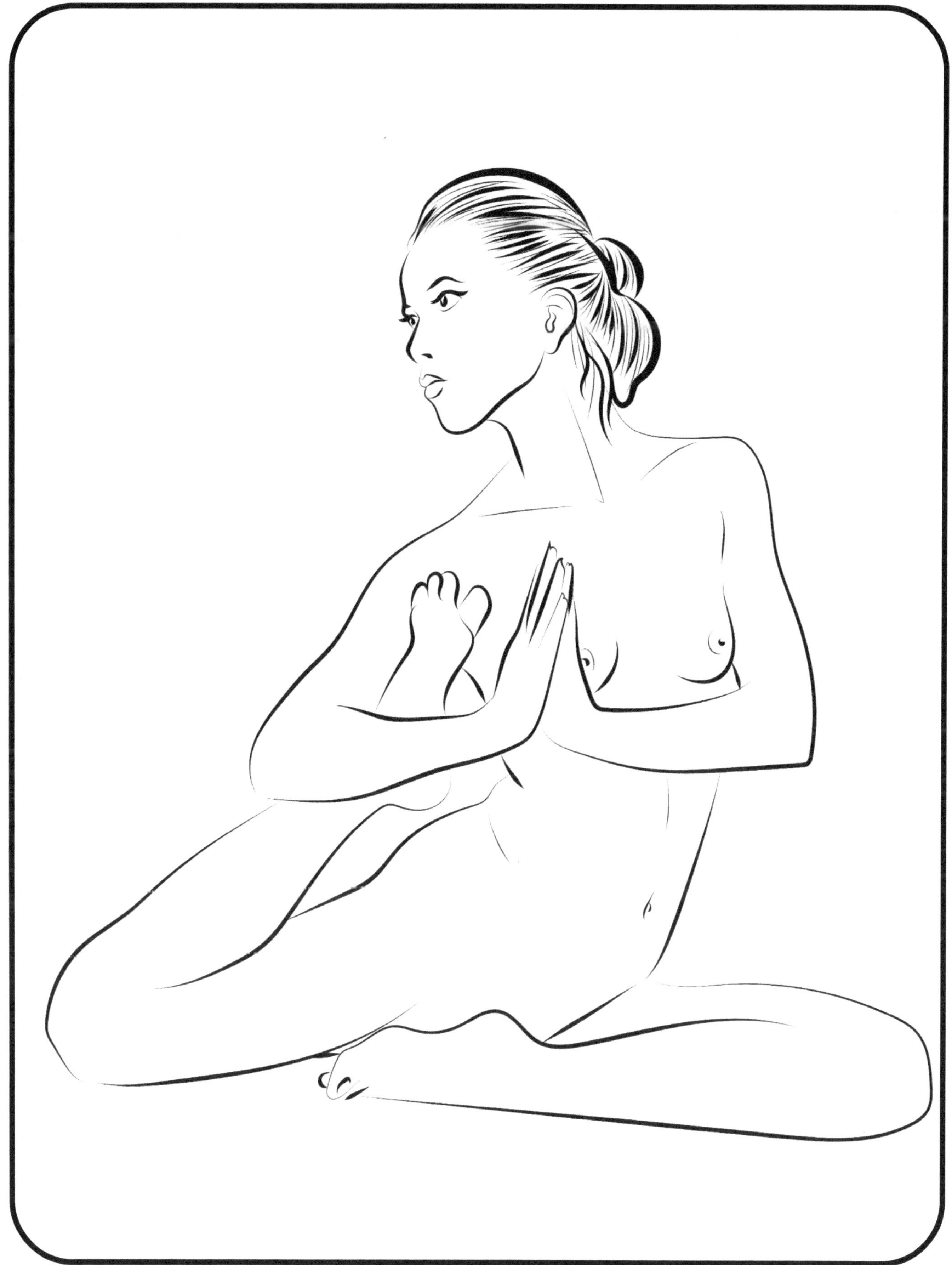

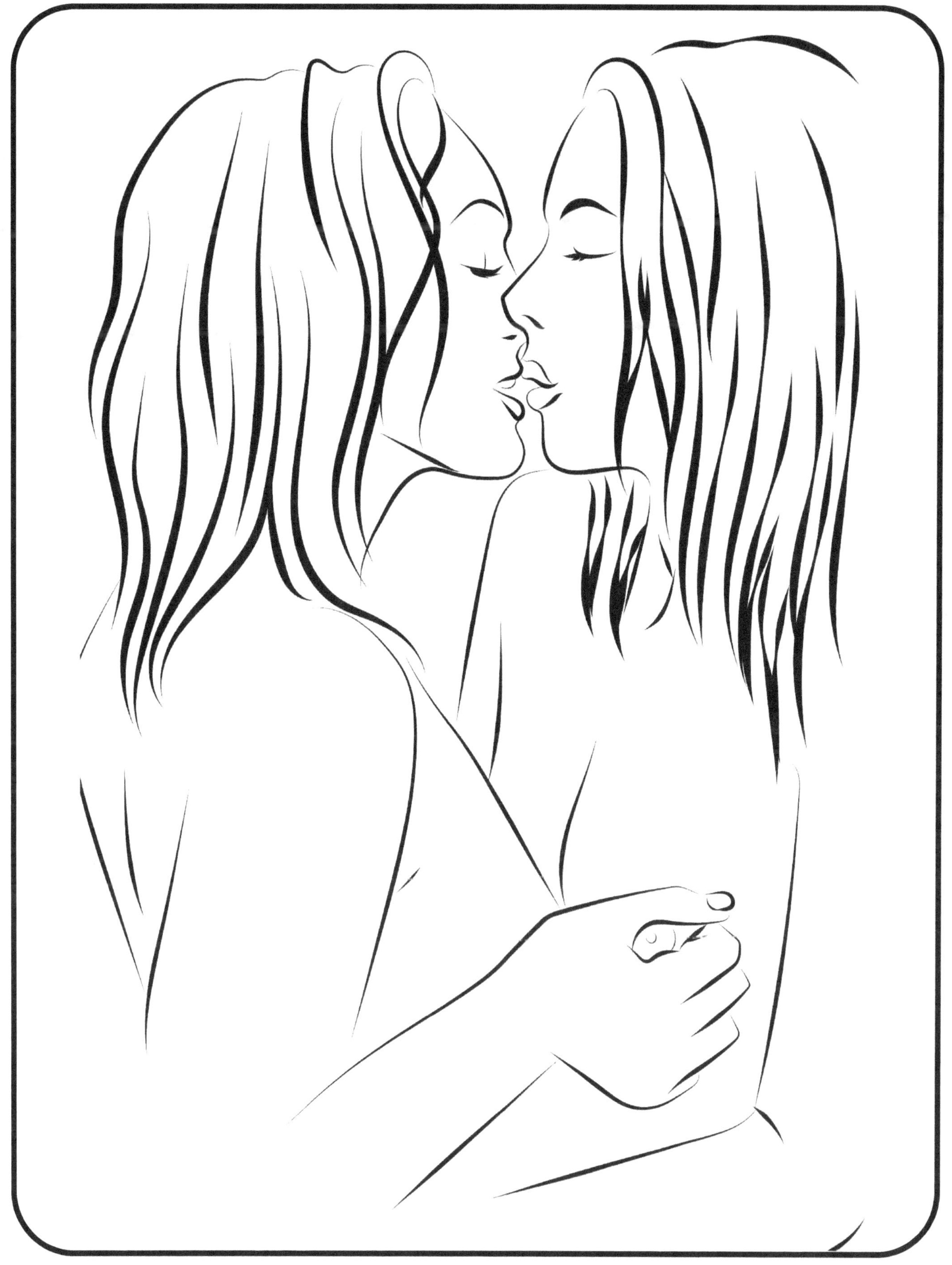

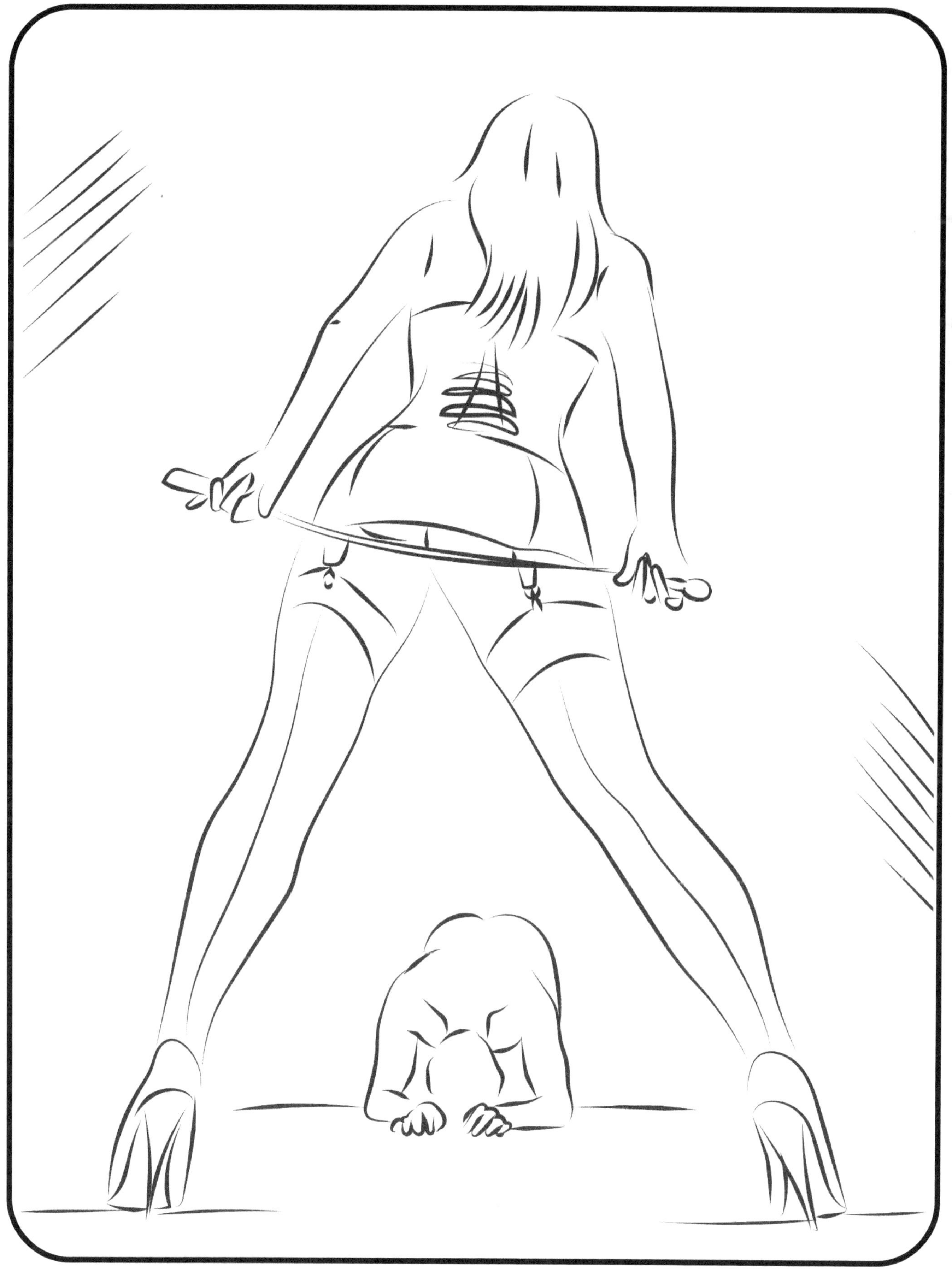

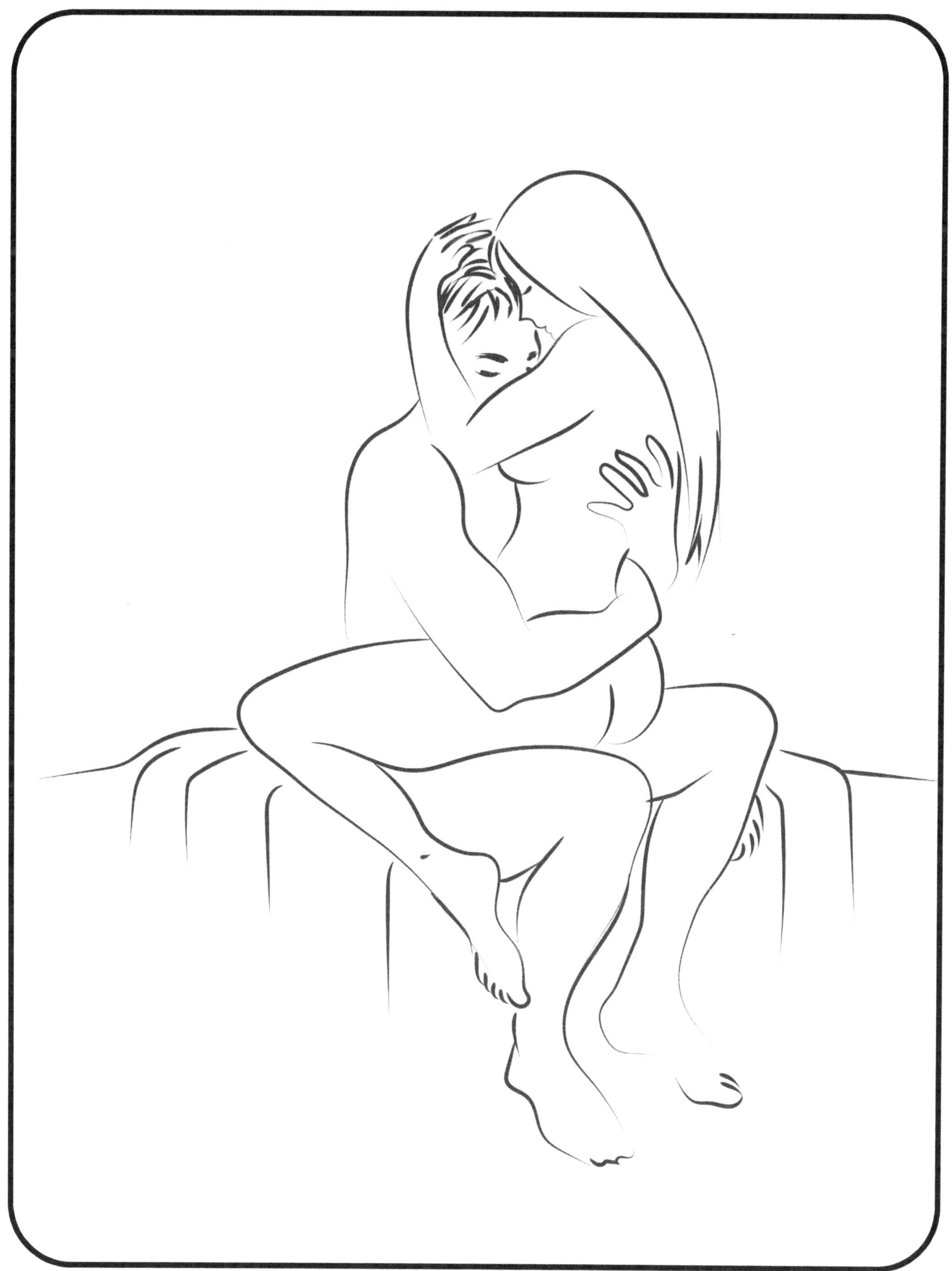

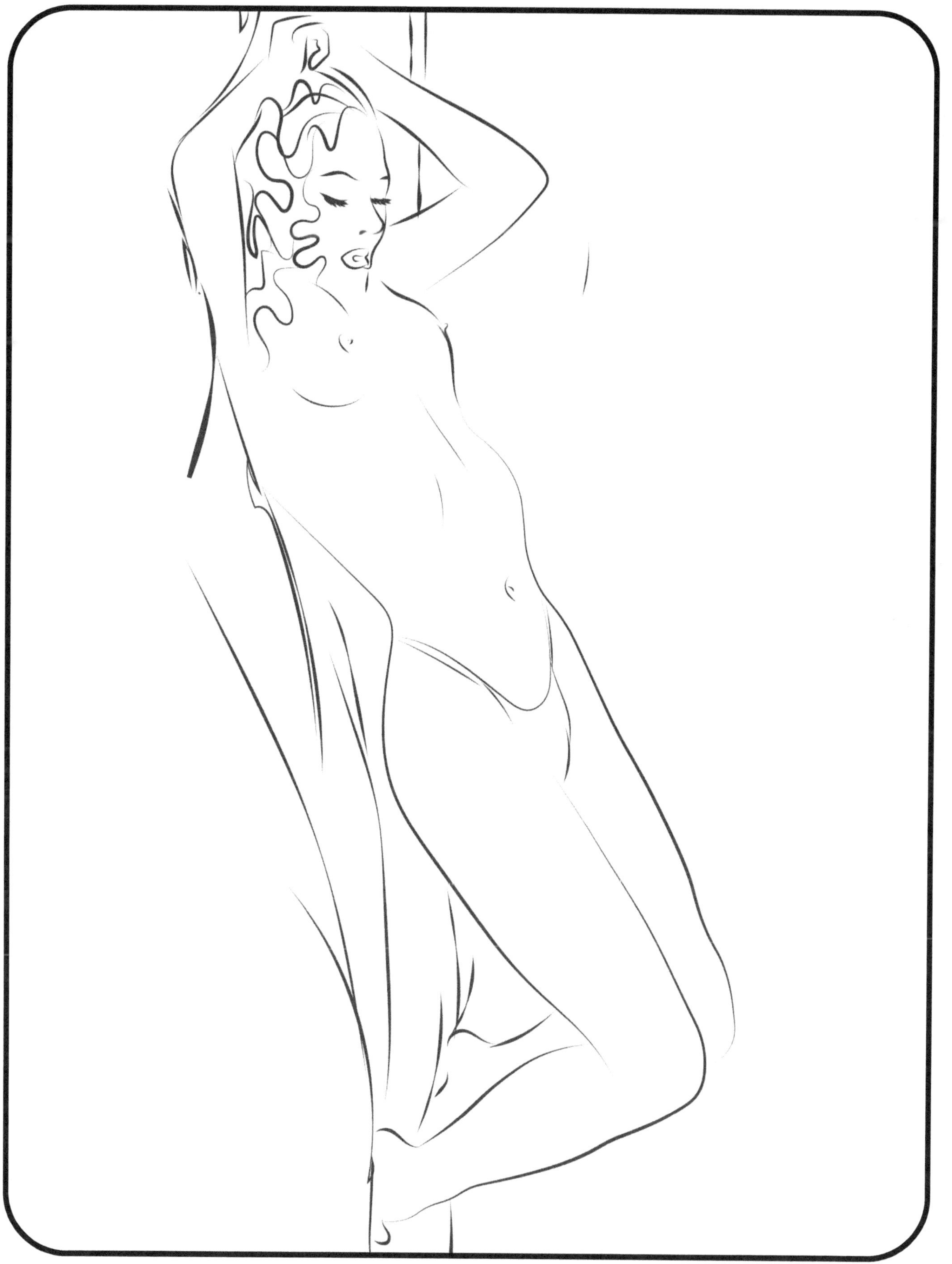

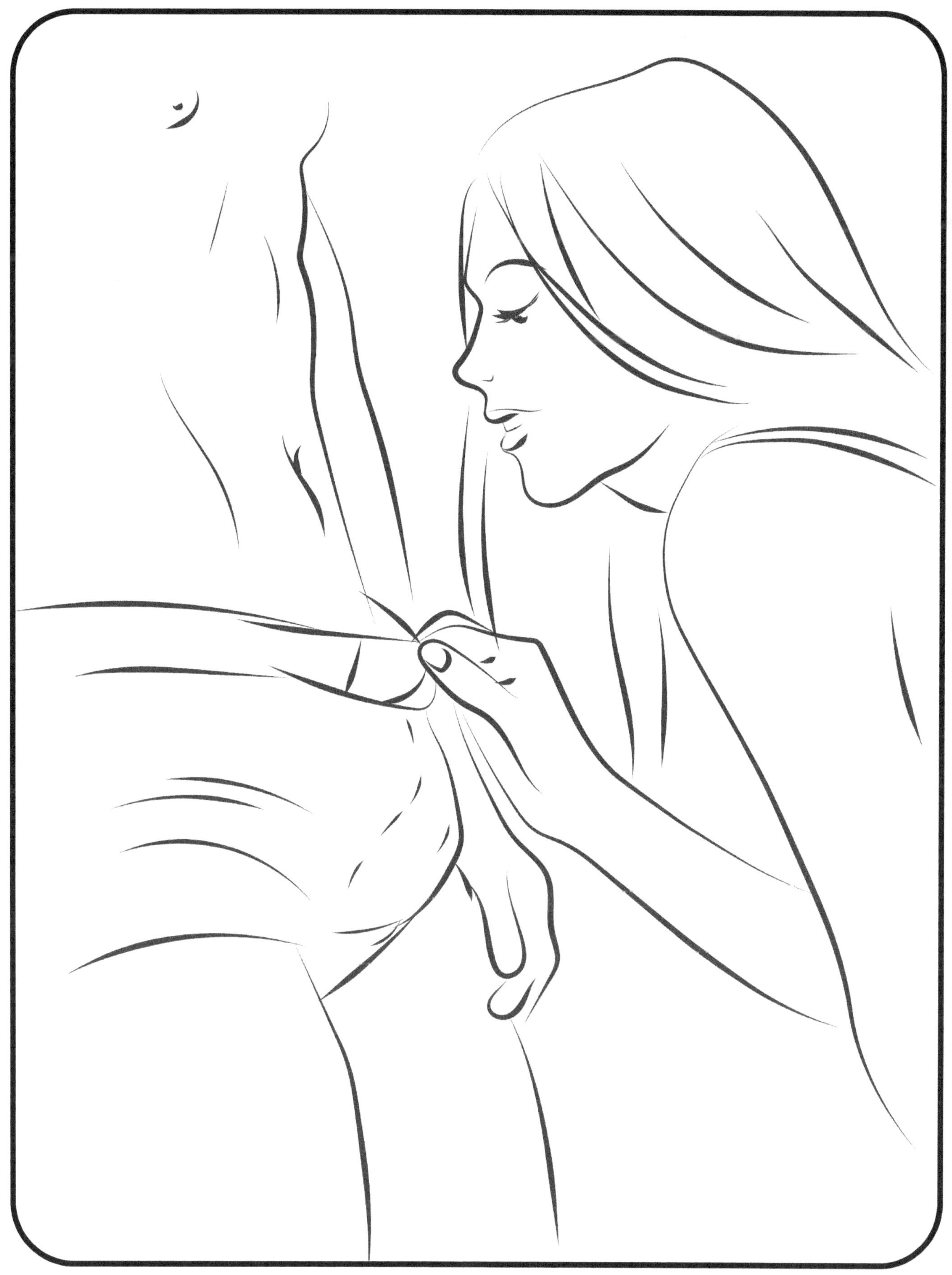

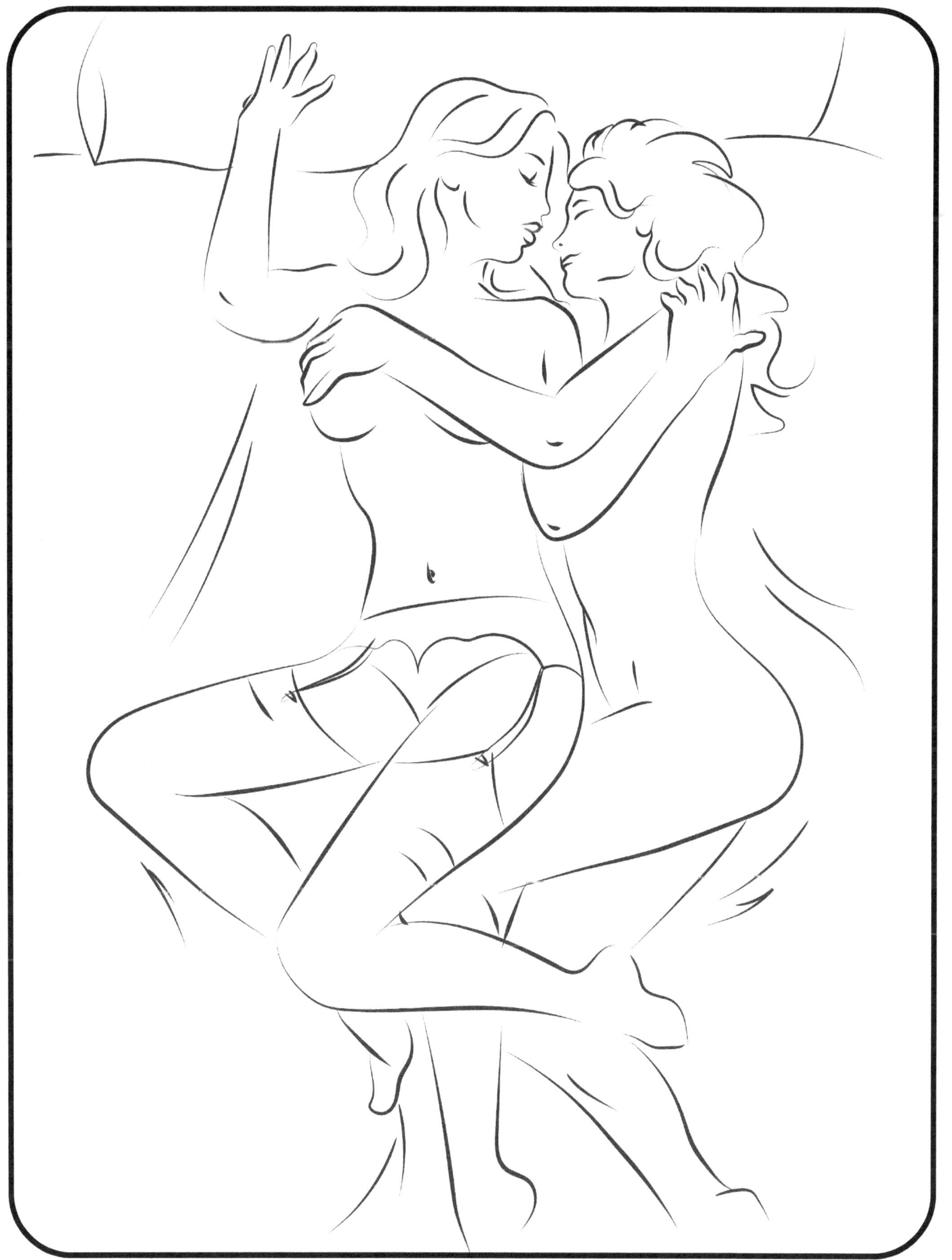

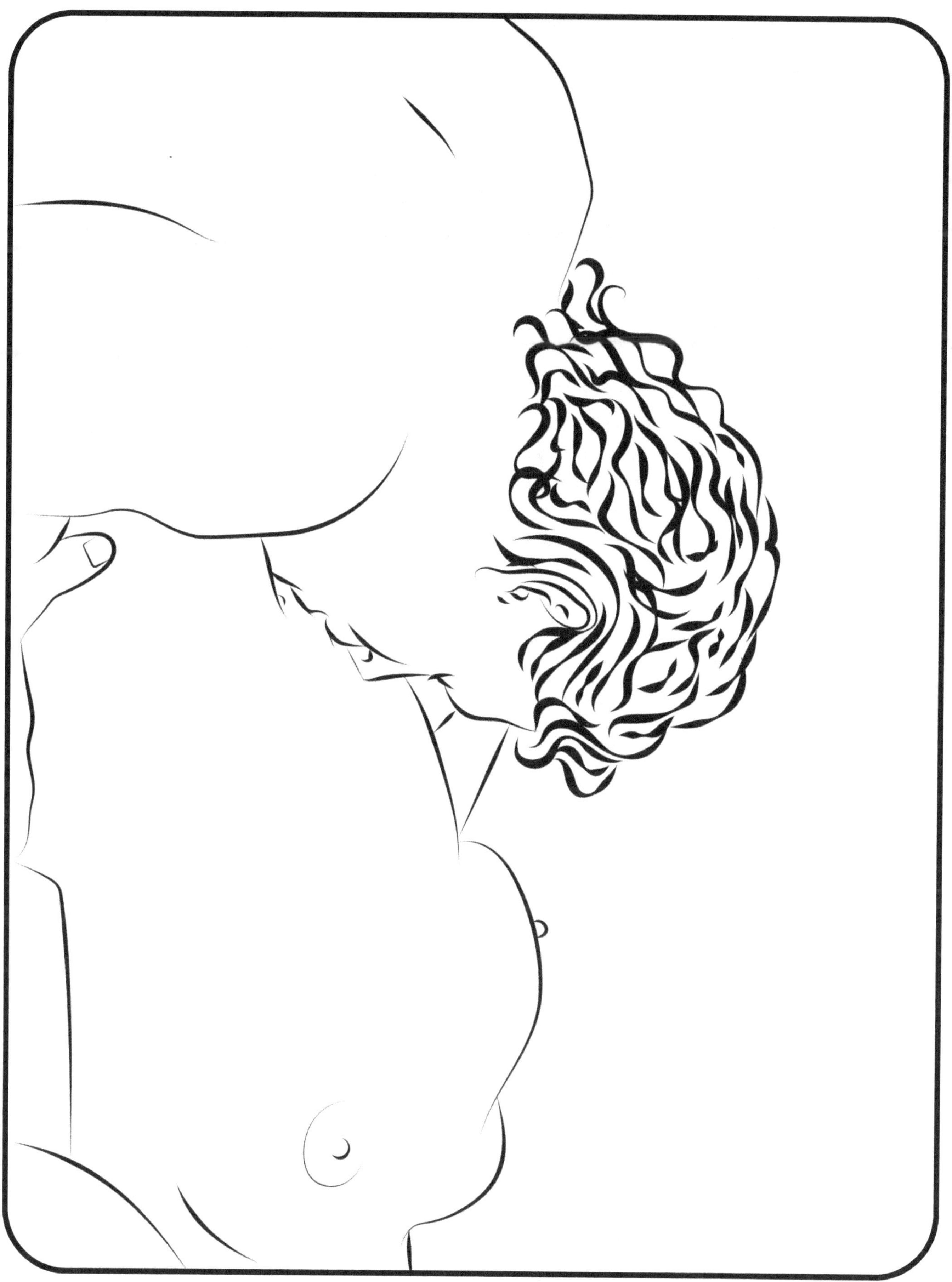

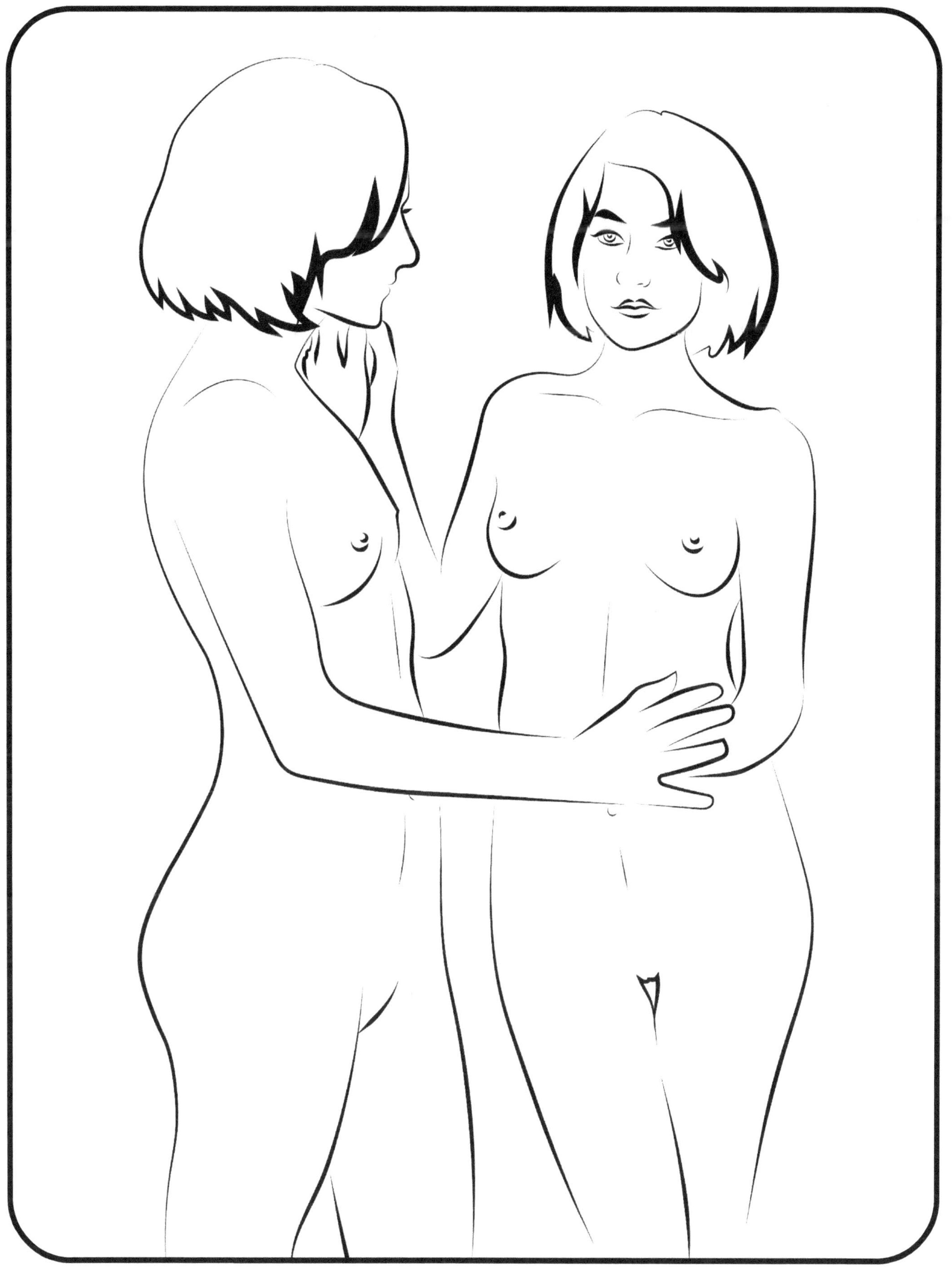

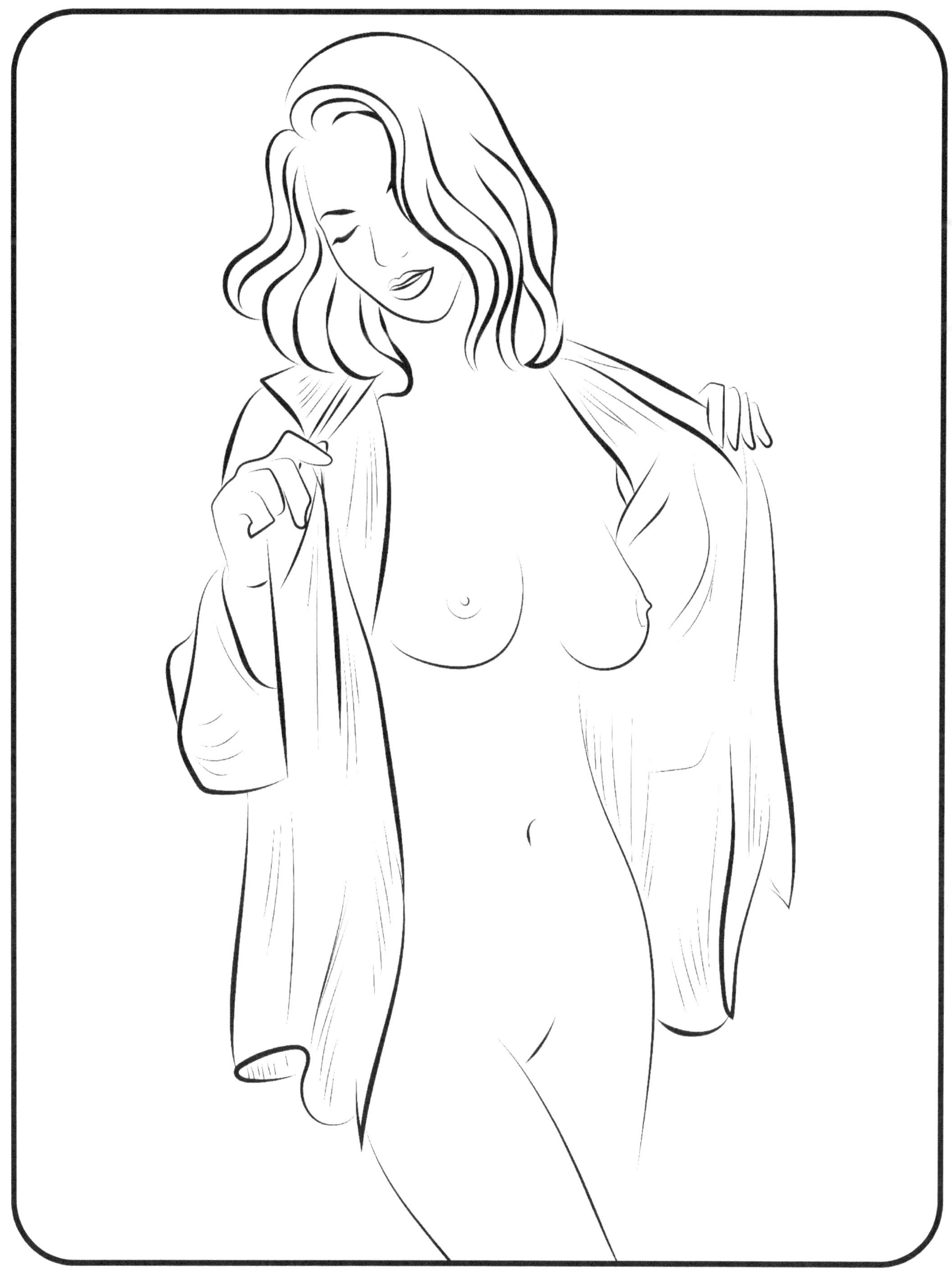

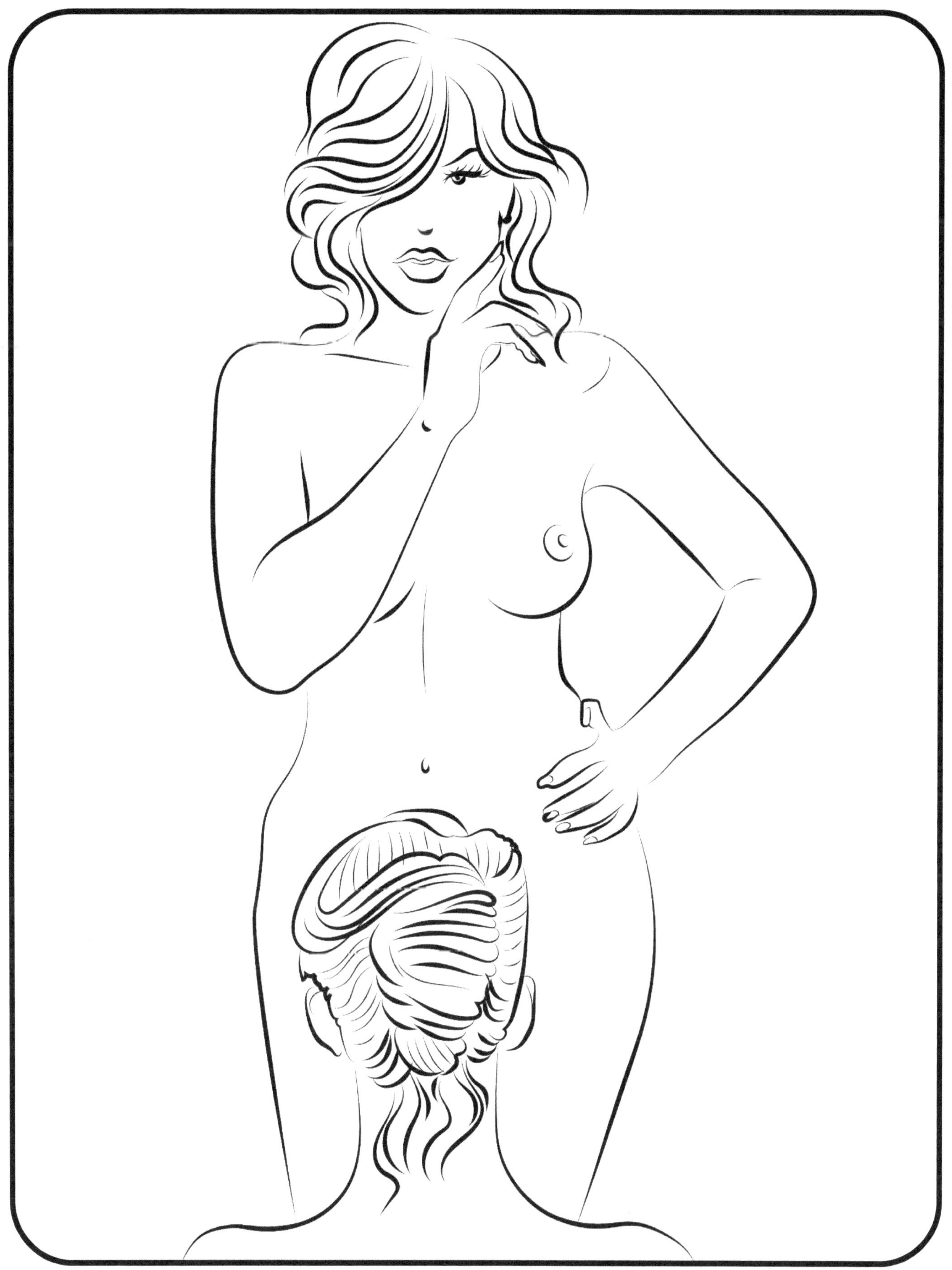

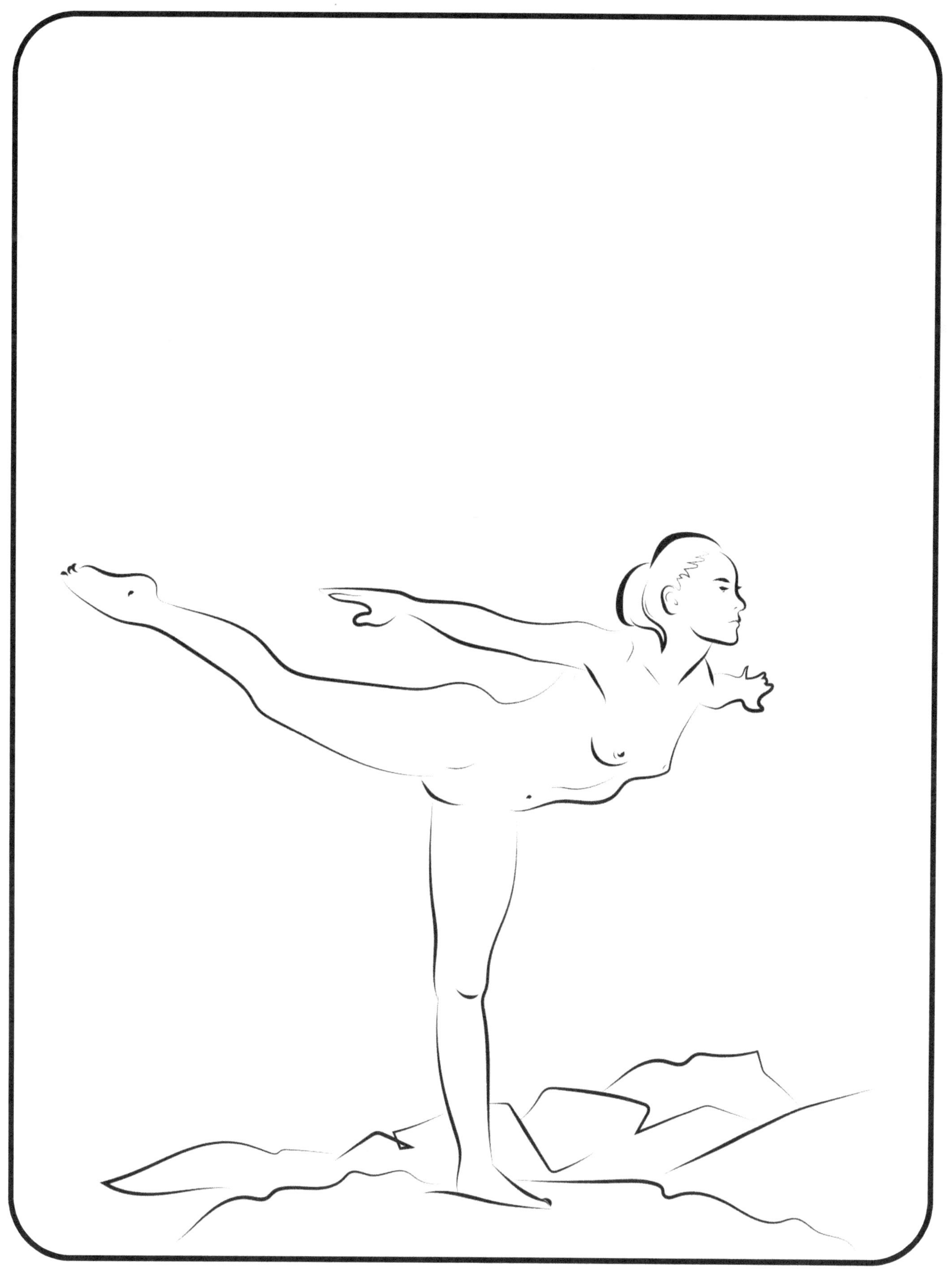

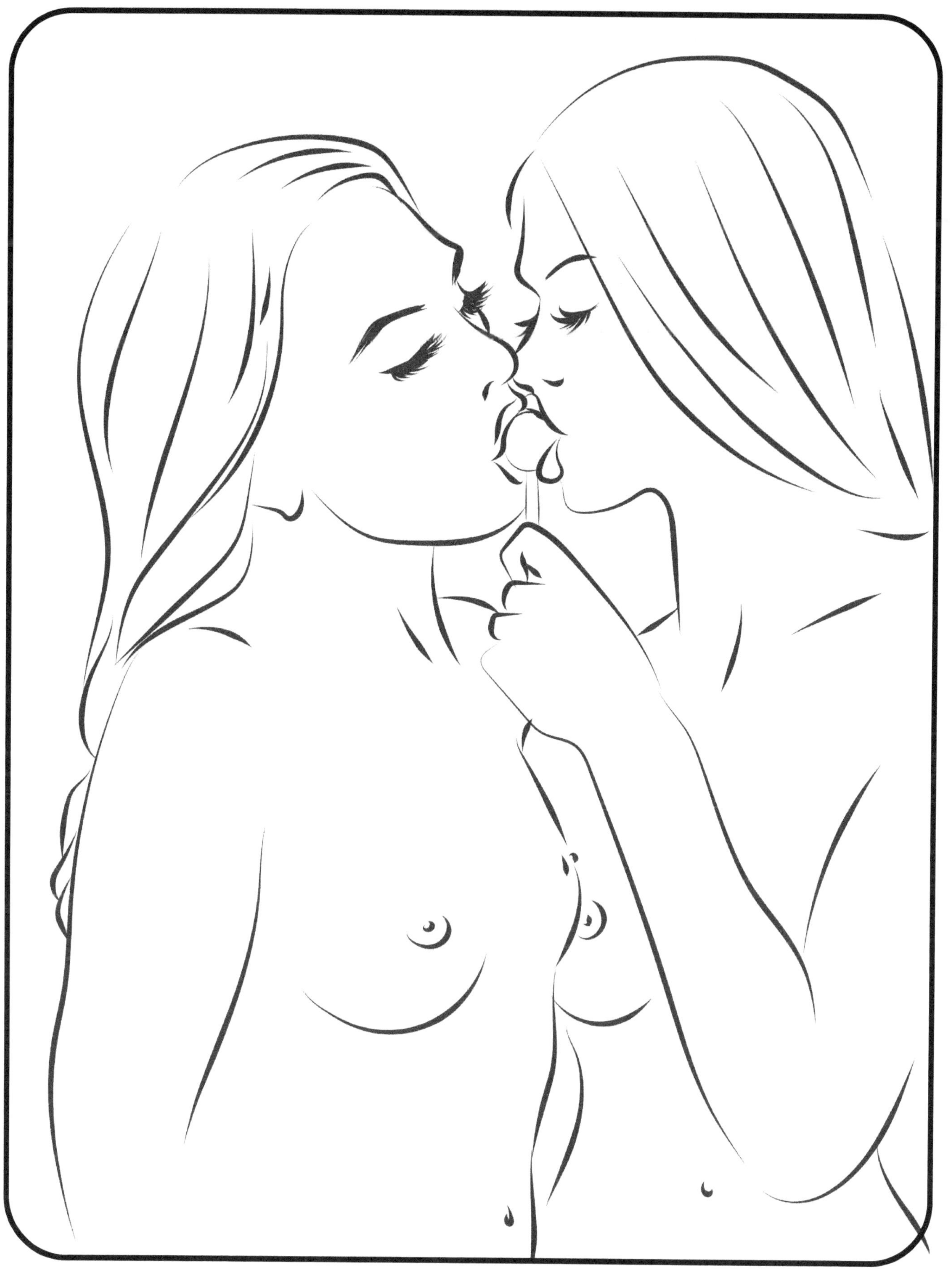

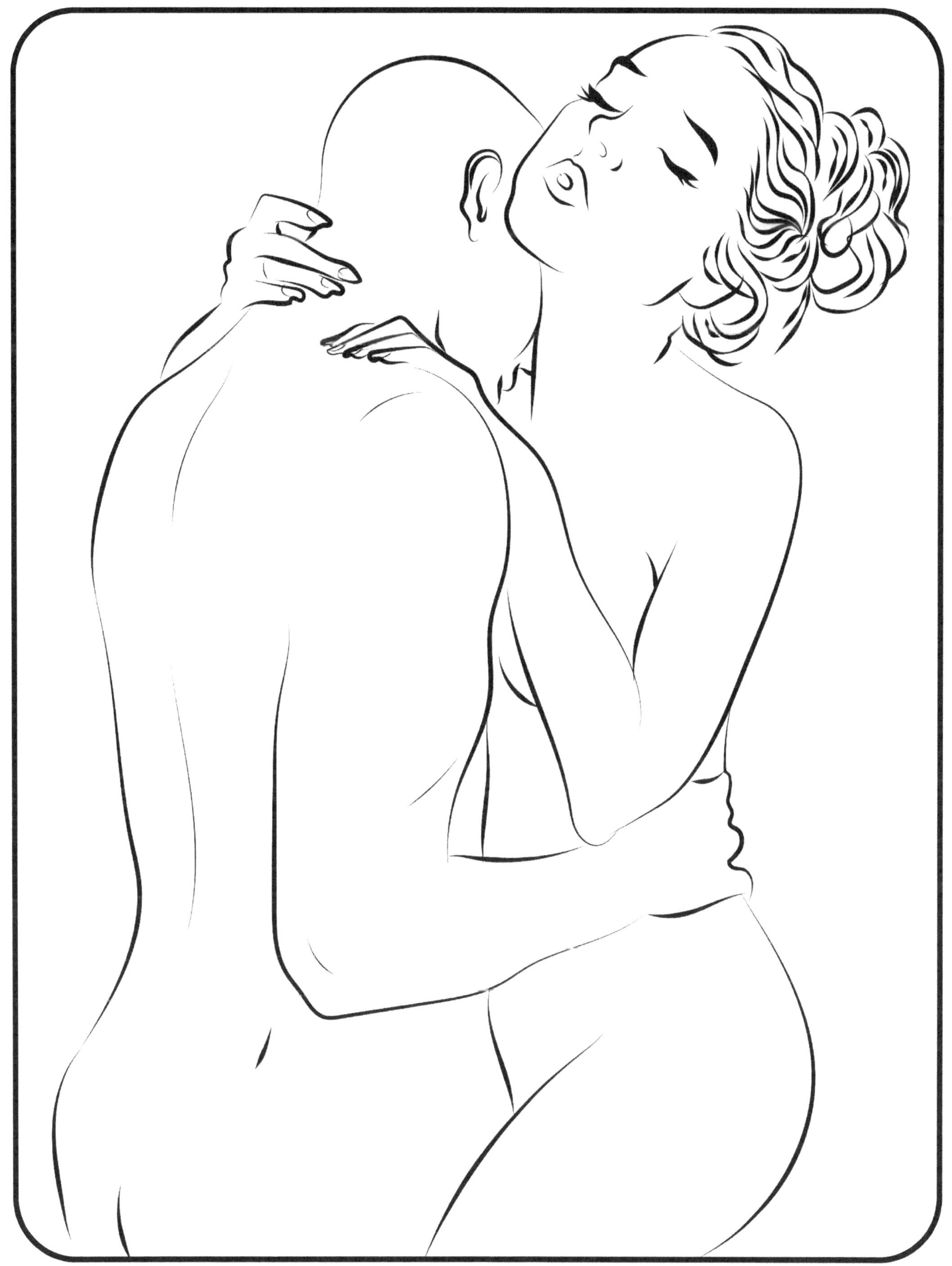

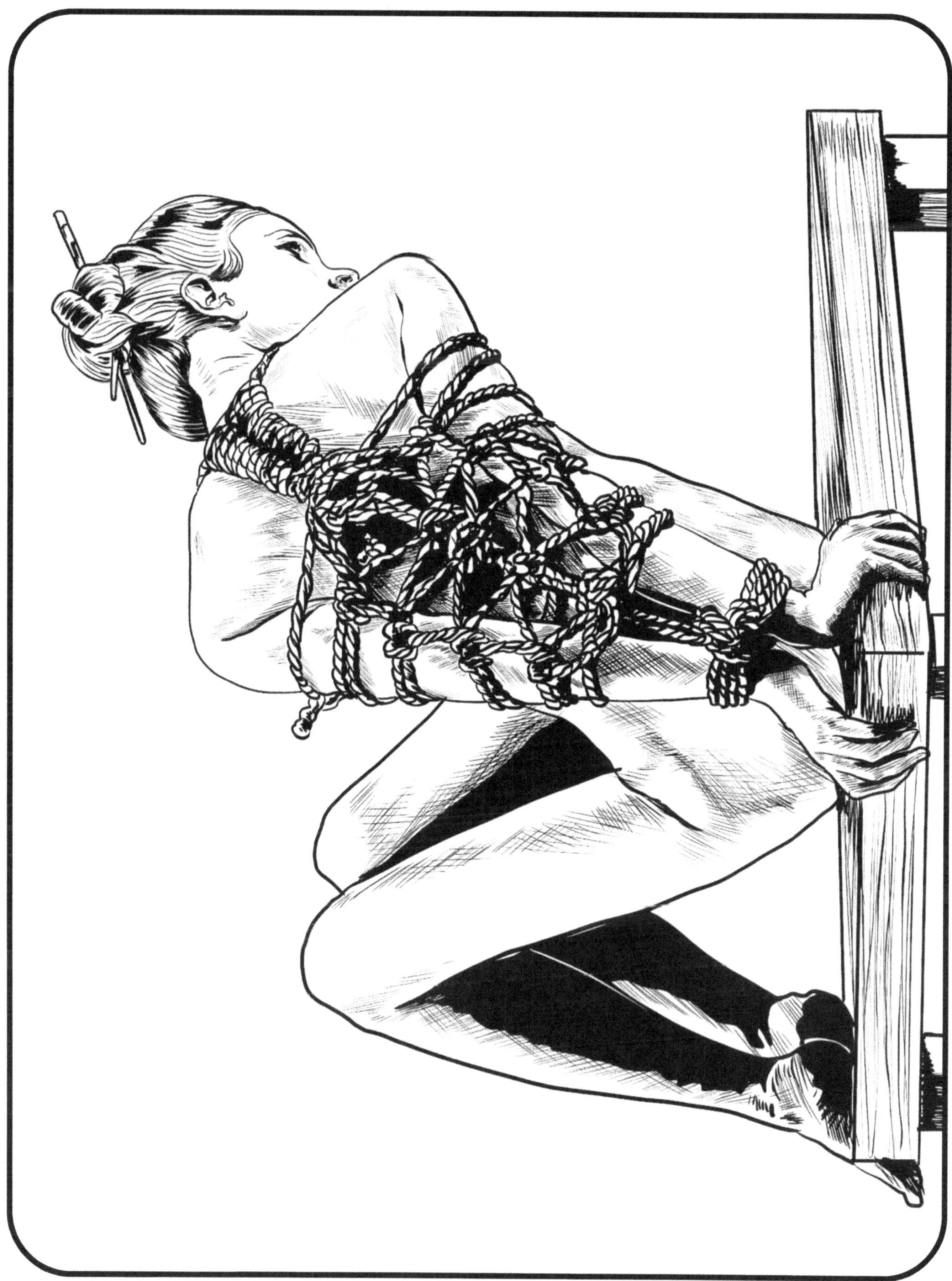